聖人祭事紀行——祈りと熱狂のヨーロッパ写真歳時記

聖人祭事紀行

祈りと熱狂のヨーロッパ写真歳時記

若月伸一
Sinichi Wakatsuki
［写真・文］

八坂書房

まえがき

フランス、イタリア、ドイツを拠点にヨーロッパで取材活動を始めてから、かれこれ半世紀になる。車を運転して取材旅行していると、ヨーロッパ各地でキリスト教関連の名前の町や村に遭遇する。南欧には聖人名の町が多く、なかでもフランスは南部を中心に夥しい数の聖人名の町村がある。フランス革命でキリスト教を否定したのに、これは一体どうして?と思わずにいられない。村や町の名前は、その地に代々聖遺物が伝わる聖人に由来することが多い。フランスで人気一番の聖人サン・マルタン(聖マルティヌス)と名の付く町村を地図上で数えてみたら優に二百は超えていた。パリの超高級ブランド・ブティック街サントノレ(聖ホノリウス)、学生街のリブ・ゴーシュのサンジェルマン(聖ゲルマヌス)、パリ観光のメッカ、モンマルトルは殉教者の丘を意味する。フランス中央部のサンテティエンヌも聖ステファノに、南仏のセレブのリゾート地サントロペも聖トロペシウスに由来している。ワイン・ブティックがワインの守護聖人の一人ニコラだったり、花屋も庭師だった聖フィアクルにちなんでサン・フィアクルと、そこかしこに聖人たちの名前は健在だ。

洗礼名は当然ながら家族の姓にも聖人名に出会い驚くこともしばしばある。ファッション・デザイナーのサンローラン、あの『星の王子さま』を書いたサンテグジュペリ、音楽家サンサーンスなどもフランス語特有のリエゾンで一つの名前になっているので分かり難いが、ラテン語の聖人名では聖ラウレンティウス、聖エクペリウス、聖シドネウスという聖人だ。一方、ドイツ語圏、アルプス以北の国には聖人名の町は少ないが、聖なるという形容詞をつけた町村になると俄然多くなる。ベートーヴェンが晩年を過ごしたウィーン郊外のハイリゲンシュタット（聖なる町）、ドイツにはハイリゲンハウス（聖なる家）、その他、プフィングシュタット（聖霊降臨の町）、キルヒハイム（教会の町）という村もある。南欧とドイツ語圏の中間となるアルプス山脈に位置するスイス、イタリア北部、オーストリア東部のチロル地方になると双方が入り混じっていて興味深い。

ヨーロッパでカレンダーや日記を購入すると、未だにその日の記念日の聖人名がしばしば載っている。昔は、逆に聖人名を日付け代わりに呼んでいた。観天望気ともいえる農事暦や季語では、聖人の名前が日付代わりに使わていた。ヨーロッパのカトリック諸国では聖人たちの名前が記念日に合わせて登場する。聖アントニウス（一月十七日）の寒さは長く続いて欲しくない（独諺）、聖マメール、聖パンクラス、聖セルヴェ（五月十一日から十四日）は氷の聖人たちと呼ばれ農作物に注意を促すような格言が多々ある（仏諺）、聖ユルバン（五月二十五日）が過ぎないと葡萄の収穫は予測できない（仏諺）、聖バルナバ（六月十一日）に雨が降ると白い葡萄の収穫が少ない（伊諺）などなど枚挙に暇ない。ヨーロッパ大陸は広いのでこれらの格言が何処の国でも当てはまる訳ではないが、人々と聖人の距離の近さは明らかだろう。

ヨーロッパ人の日常生活の中では、人々と宗教との繋がりがなかなか見え難くなっているが、それを再確認させられるのがヨーロッパ各国、各地に残る祝祭事ではないだろうか。祭りには、その国、その地方の歴史、地政が反映されている。祭事には守護聖人、その土地の聖人たちの聖遺物が御輿に担がれ町を行進する。聖遺物は、キリスト教初期の時代から現代に至るまで神への執り成しの媒体、ヴィルトゥス（徳）を発していると いわれる重要な崇敬の対象だ。今日でも行列の御輿に担がれた聖遺物に触れたり、教会の典礼の後に聖遺物顕示台に信者たちが口づけし、手で触るのを見かける。中世には今日とは比較できないほど聖遺物への崇敬が篤く、時には聖遺物争奪の諍いもあり、聖なる盗掘などと言う不思議な犯罪もあった。聖遺物は、中世には宝石より黄金より貴重とされた。通常、聖遺物は顕示する教会の建築費用の二倍以上の価値があったとされる。聖ルイ王が入手したイエスの茨の冠は、顕示するために築いたパリのサント・シャペルの建築費用の何と三倍であったという。祭事で人々が聖人像に駆け寄る瞬間の熱狂ぶりなどを目の当たりにすると、一瞬ではあれ、そうした往時の熱量に触れる思いがする。

何処の町の祝祭事を取材しても、実に熱心に心を込めて祭事の準備している老若男女の姿を見る。祭が終ると翌年の祭への準備を始める。一年中、おらが町や村の祭事に関わっている人もいるのだ。守護聖人たちは動物たちも病から守ってくれることから祝祭日の教会には家畜やペットが参列することもある。熱狂的な情熱を持って陶酔するように御輿を担ぐ人、聖遺物や聖像にあらん限りの声でエールを送る人を見ると、ヨーロッパにはまだまだキリスト教が生きていると思わずにはいられない。多くの祝祭事は守護聖人の記念日の前日の晩禱から始まる。記念日には午前中特別ミサが行われ、教会堂から聖遺物、聖人像が山車や御輿に載せられ教会と民衆共催の祭のパレードが開催される。地域、季節によってはミサもパレードも夜開催されることもある。

「守護聖人」の誕生は、十一世紀、十二世紀の中世に数々の教会が築かれた頃に遡るという。その後、教会を建てる際に聖人の聖遺物が奉還され、その聖人に町や村の守護を依頼し始めたのが起こりらしい。その後、守護対象はさまざまな分野、職業、生活習慣、事故であったり、地方、国家などにも守護対象が拡がった。疫病、伝染病も重要な守護救済の対象で、祭事には疫病から救済してくれた守護聖人へ感謝の意を表するものも多い。現在も都市、国家の守護聖人の記念日は国民、地域住民の祝日になっていることが少なくない。クリスマス、復活祭、聖霊降臨祭などの祭日は、ヨーロッパの多くの国で国民の祝日になっている。

ヨーロッパの美術館、教会に行くと聖人たちの肖像画や彫刻が嫌が応ににも目につく。典礼音楽は言うに及ばず、音楽にも聖人たちをモチーフに数々の名曲が生まれている。聖人の生涯を知り、崇敬に至った歴史を知ると、美術作品も音楽作品もより深く鑑賞できるし、逆にまたそれによって、聖人たちを身近に感じるところもあるではないだろうか。

日常ちらほら見え隠れしているだけの聖人崇敬だが、日々の生活のさまざまな場面で確かな手ごたえをもって、それが「生きている」ことを確信できる。ヨーロッパでは宗教離れが進み、宗教と生活、民間伝承の繋がりが見え難くなっているが、現在でも明確にその関係があらわれている瞬間、瞬間を写真と文で切り取って再確認してみたい、という思いが、本書の構想を練り始める切っ掛けであった。カトリックの聖人たちの祝祭事を垣間見ながら、ヨーロッパの歴史、文化を振りかえる旅に出てみよう。きっと思いもよらぬヨーロッパが見えてくるに違いない。

目次

まえがき　5

＊

【春】……14

2/1　聖ブリギッド［キルデア］18
2/3　聖ブラス［アルモナシド・デル・マルケサド］26
2/5　聖アガタ［カターニア］34
2/14　聖ヴァレンタイン［テルニ］42
3/1　聖デイヴィッド［カーディフ］50
3/19　聖ヨセフ［バレンシア］58
4/25　聖マルコ［ヴェネツィア］70
5/1　聖エフィジオ［カリアリ］82
5/8　聖ジャンヌ・ダルク［オルレアン／ランス／ルーアン］90
5/22　聖リタ［カーシア］102

【夏】……110

6/15　聖ヴィート［サン・ヴィート・ロ・カーポ］114
6/15　マントンの聖ベルナール［グラン・サン・ベルナール峠］122
6/24　洗礼者聖ヨハネ［ローマ／フィレンツェ／アリカンテ］130
6/29　聖ペトロ［コート・ダジュール］142
6/29　聖パウロ［パラッツォーロ・アクレイデ］150
7/7　聖フェルミン［パンプローナ］162
7/8　聖キリアン［ヴュルツブルク］170
7/22　マグダラの聖マリア［サン・マクシマン］178
7/26　聖アンナと聖ヨアキム［トゥデラ］186
7/29　聖マルタ［リバルテメ］198
8/11　聖キアラ［アッシジ］206
8/20　クレルヴォーの聖ベルナール［ブルゴーニュ］214
8/25　聖王ルイ［エグ・モルト］222

【秋】……230

8/30 聖フィアクル［クロミエ］234
9/4 聖ローザ［ヴィテルボ］242
9/17 聖ヒルデガルト［リューデスハイム］250
9/19 聖ジェンナーロ［ナポリ］258
10/15 聖テレサ［アビラ］266
10/21 聖ウルスラ［ケルン］274
11/6 聖レオンハルト［バート・テルツ］282
11/11 聖マルタン［トゥール］290

【冬】……298

11/15 サンタクロース［アムステルダム サン・ニコラ・ド・ポール］302
11/22 聖チェチリア［ローマ］314
12/13 聖ルチア［シラクーザ］322
12/26 聖ステファノ［ウィーン］330
1/17 聖アントニウス［リシュランシュ］338
1/20 聖セバスティアン［ファンオー］346
1/21 聖アグネス［ローマ］354
1/22 聖ヴァンサン［ブルゴーニュ］362

*

付録：聖人主要祭事一覧 370
あとがき 381

各項目末尾で、聖人の祝祭日のあとに【　】印とともに付した、【祭日】【祝日】【記念日】【任意の記念日】は、カトリック教会が定める「一般ローマ暦」での、祝祭日の格付けを示す。

聖エフィジオ祭（カリアリ、サルデーニャ島）

【扉写真】

本扉
聖テレサ祭（アビラ）

目次扉
聖ルチア祭（シラクーザ）

季節扉：春
イースターマーケット（フランクフルト）
イースターの泉飾り（ハイリゲンシュタット）
季節扉：夏
聖母被昇天祭（モンペリエ）
外壁の聖母子像（ル・ピュイ・アン・ブレイ）
季節扉：秋
聖フィアクル祭の荷車（クロミエ）
「ハロウィーンの都」のパレード（北アイルランドのデリー）
季節扉：冬
プレセピオ（聖誕群像）とクリスマス・ツリー（ローマ、聖ペトロ大聖堂前）
等身大のプレセピオ（アッシジ、聖フランチェスコ教会前）

15.-DM
Salzteigapplikation auf Ei
A. HARBICH
1.-DM

春

VER

St. Brigid

St. Blasius

St. Agatha

St. Valentinus

St. Davidus

St. Josephus

St. Markus

St. Ephysius

St. Johanna de Arc

St. Rita

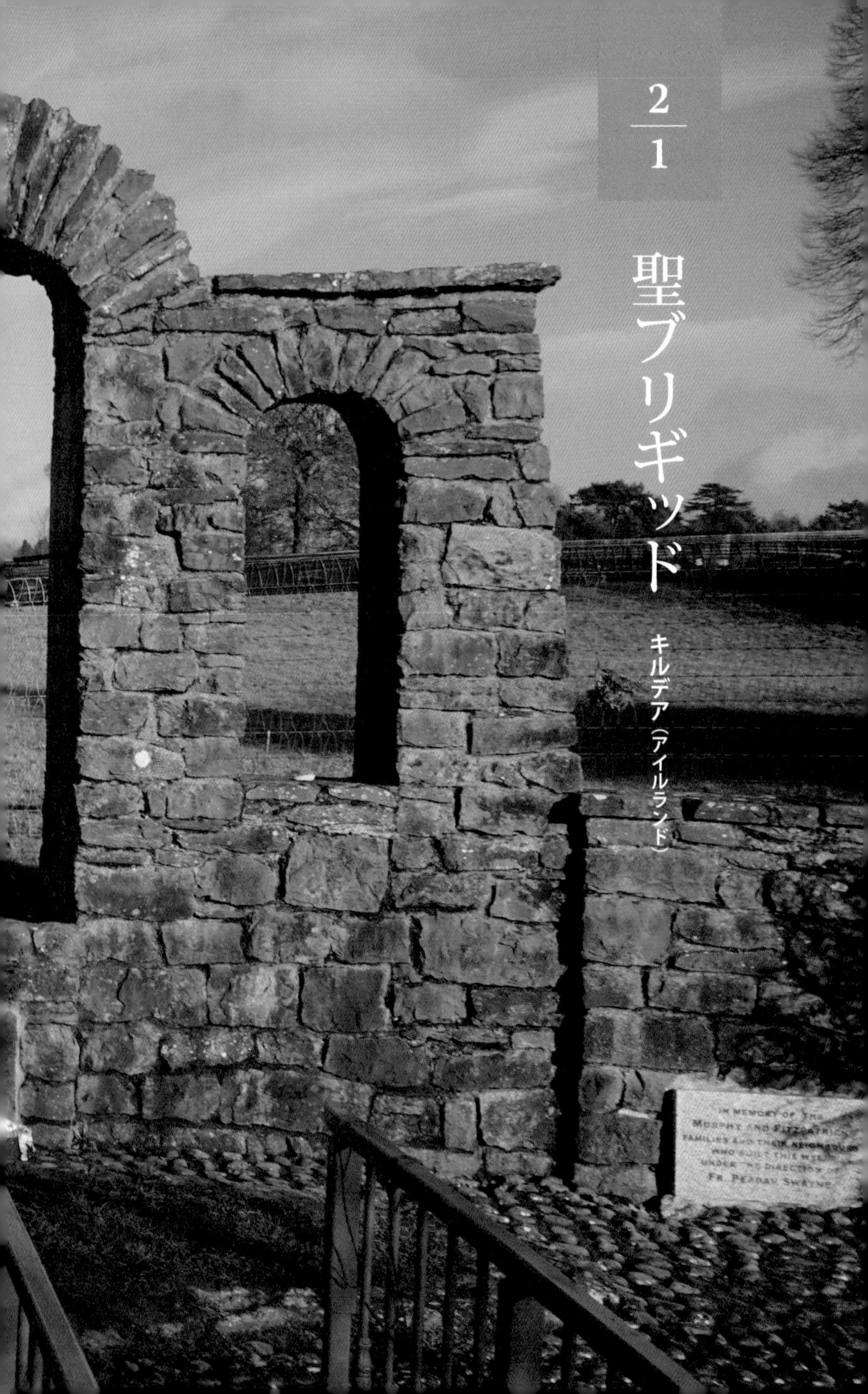

2―1 聖ブリギッド

キルデア（アイルランド）

聖なる泉から流れ出す小川のほとりに
建てられた聖ブリギッドの記念碑
2003年、アイルランドの女性彫刻家アネット・マコーマック作

キルデアの聖ブリギッド大聖堂は16世紀の英国宗教改革時に破壊され
17世紀末に再建された

フランスのブルターニュ地方、スペインのガリシア地方、アイルランドと、ヨーロッパの西域に行くと、古代文明の一つ、ケルト人たちの文化、慣習が色濃く残っている。インボルクと呼ばれる祭事も、そうしたケルトの古い習俗の名残で、現在も一月末から二月始めにアイルランド各地で祝われる。丘や野原でファイアー・ストームを点し、燃え盛る火の周囲を踊り、厳しい冬への別れ、豊穣の新しい春を迎える儀式だ。このインボルクの開催期間中である二月一日、聖パトリックとともにアイルランドのキリスト教化に大きな役割を果たした、聖ブリギッドの祝日を迎える。ケルト神話にも同じ名で呼ばれる女神がおり、異教の色濃い五世紀半ばのアイルランドに生まれたキリスト教の聖女が、女神と同じ名をもつのも偶然ではないだろう。

聖ブリギッドの生地は、キルデアとも、英国との国境に近いフォーアートともいわれている。幼い頃、異教ドルイドの祭司に奴隷として売られ、家畜の世話などをさせられていたが、成人して奴隷から解放される

記念日の前夜、大聖堂裏手の、聖ブリギッドが建てたオリジナルの聖堂跡に火の祭壇が設けられる
ブリギッド十字などが供えられたこの祭壇を囲んで、男子禁制、女性のみで黙禱が捧げられていた

と、神に仕えるとことを決心したという。貧しい人に施しを、喉の渇きを訴える旅人に牛乳を与え、病人を助け、慈善に尽くした。それを聞いたアイルランドの若い娘たちがブリギッドのもとに集まり、修道院活動が始まった。聖パトリックから教えを受けた後、キルデアを活動の拠点として数多くの修道院を建て、ハンセン病の人たちの施設も造った。病人たちが入った風呂の水をビールに変えたとの言い伝えもある。ギネスをはじめ多くの名ビールを産み出しているアイルランドらしい伝承だ。聖女にはまた、聖母マリアの化身のような伝説があることから〝ゲール人（ケルト民族）のマリア〟とも呼ばれている。

　古語で〝オークの木の教会〟を意味するキルデアの地での聖ブリギッドの祝日は、一月三十一日の夕刻から始まる。市内中心部にある大聖堂の裏手の庭に残る旧修道院の遺跡に女性信者たちが集まり黙禱を捧げる。炎と光への聖地であったといわれる遺跡で聖ブリギッドの時代からの掟を厳粛に守った男子禁制の黙禱だ。

上段：聖ブリギッドの聖なる泉（最初の修道院の跡地）。右の井戸からわき出た水は左の水場で地上に現れる
布をこの水に浸して傷口などにつけ、近くの木に結びつけると治癒するという
中下段：近隣の小学生も聖所を訪れ、「聖ブリギッド十字」の編み方などを教わる（左下）

上中段：聖女の記念日の前夜、聖なる泉近くの森に集まり、灯した火を囲んで聖ブリギッド賛歌を唱和
下段：その後、蠟燭で飾られた聖なる泉まで「夜の巡礼」が行われる

フォーアートの聖ブリギッドの聖所
こちらにも水場があり（左上）、人々は聖なる水に布を浸して患部にあてると、その上にくくりつける（右下）
近くの売店ではイグサで編んだ聖ブリギッド十字や蠟燭などを販売（左下）

二十時には信者たちが郊外の公園に集まり、広場の中央に火の祭壇を、その周囲にランプで大きな円を作り、半時間ほど聖歌を歌い、黙想する。その後、野原にある聖ブリギッドの神秘の泉へ祈禱行進。子どもを含めた五百人前後の信者たちが手に手にランプや懐中電灯を持って、静謐が支配する暗闇のなかを黙禱しながら、蠟燭が灯る聖なる泉まで一キロほど歩く。

翌日は、朝早くから小中学生の団体も含む多くの人たちが聖なる泉を訪問し黙禱を捧げる。また聖所の近くにあるソラス・ブリデ（聖ブリギッド）・センターでも、祝日を挟む一週間、聖ブリギッド十字の作り方教室、朗読会など、さまざまなイヴェントが開催される。

一方、もう一つの聖地、フォーアートでもこの日ミサが行われる。記念堂の裏にある聖なる泉から湧き出た小川に沿って、十字架の道行きの像が立てられ、聖域となっているが、祝日にはここを多くの信者が訪問、聖なる水を汲み、記念堂で黙禱を捧げる。丘の上の聖域にも、眼下に拡がる平原にも、淡い緑が色づき始め、冬が厳しい北大西洋の島の新春の訪れを寿いでいるかのようだ。

キルデア、ソラス・ブリデ・センター前庭、2015 年

■聖ブリギッド（キルデアの）

Brigid, Brigit, Bridget, Bride（英）Bríd, Bhríde（ゲール語）
Brigida（羅伊）Brigitta（独）
五二五年頃没
祝日＝二月一日
アイルランドの守護聖人
家畜、乳児、鍛冶屋、農家の守護聖人
図像＝雌牛、蠟燭とともに

▼聖ブリギッドの遺体は、聖パトリックが眠るアイルランド北部のダウンパトリックの教会に埋葬されていたが、十三世紀末、他民族からの略奪を恐れたアイルランドの騎士が頭蓋骨をポルトガルのリスボン郊外のルミアルに移したといわれる。一九二〇年代に、聖遺物の一部はキルデアの聖ブリギッド大聖堂に移されている。

▼キルデア Kildare はダブリンの南西約四十キロ、レンスター地方の都市。市中の大聖堂から一キロほどのところに聖女ゆかりの泉 St. Brigids Well があり、その近くに二〇一五年、崇敬を後世に受け継ぐべくソラス・ブリデ・センター Solas Bhríde Centre が開設された。
公式サイト＝http://solasbhride.ie

▼フォーアート Faughart はダブリンから北へ約八十五キロ。ラウス州ダンダーク近郊。

2/3

聖ブラス

アルモナシド・デル・マルケサド（スペイン）

聖堂内でも、聖人像を前に、太鼓や笛のリズムにあわせて
狂信的な踊りが繰り広げられる

極彩色の衣装をまとった「悪魔」たちが聖母像を担いで村へ繰り出す

二月初旬、冬眠していた動物たちが目覚め、獲物を捜しに山から平地に降りてくるころ、動物にも愛されたといわれる聖ブラス（ラテン名ブラシウス）の記念日がやってくる。聖人は現在のトルコの東部に位置するアルメニアのセバステ（現シワス）に生まれ、医薬にも明るい司教として同地で敬愛されたが、四世紀初頭、ローマ帝国内で再びキリスト教徒への迫害が激しくなると、近郊の山中の洞穴に身を隠し、ライオン、トラ、狼などの森の動物たちと親しく接したという。やがて帝国の役人に発見され、投獄されるが、獄中でも聖人は信者の病を癒し、喉に魚の骨がささり苦しんでいた子どもの喉に、蠟燭でX字形の十字をあてて祈ったところ、即座に骨と痛みが取れたという。また狼に豚を奪われた女性のために、狼を説得して豚を取り返したとの伝説もある。ちなみに聖人の記念日は前日は主の奉献の祝日で、蠟燭の祝別を行う日にあたっているので、奇蹟譚に登場したり祭事で重要な役割を果たしたりと、聖人と蠟燭の縁が深いように見えるのも、あるいは偶然ではないのかもしれない。

スペインの首都マドリードの南東にドン・キホーテの舞台になったラ・マンチャ地方が広がる。赤茶けた土の

聖母の帽子を聖ブラスの司教冠に換えて、村はずれの墓地まで行進

なだらかな丘陵の上に時折風車が見え隠れし、小さな農村が点在する。アルモナシド・デル・マルケサドは、この地方に典型的な田舎村の一つで人口五百人にも満たないというが、いつもは静かなこの寒村が、二月が近づくとにわかに活気づく。聖ブラスの記念日を含む計三日間にわたって、「悪魔祭り」の異名をもつ特異な祭事が繰り広げられるのである。

二月一日、村人たちは「ディアブロス」すなわち「悪魔」となって、統領の家に集合し気炎をあげる。この村には、ディアブロスの伝統保存協会があり、人口の約三分の一にあたる約百三十名が登録している。余所に働きに出ている若者たちもこの時期は休暇を取って故郷に戻り祭事に参加するという。

翌二日は、村の中心の教会でミサが挙げられた後、聖母マリア像を載せた御輿が村へ繰り出す。極彩色のパジャマのような奇妙な衣装を身に纏ったディアブロスたちは、花飾りをつけた赤い帽子に聖母像の札（ご絵）を貼り、腰には大きな鈴を三つ括りつけてと、一種異様な風体で、聖堂の中、村の小路を飛び跳ね踊りながら行進し、感極まって〝ビーバ・サンタ・マリア・カンデラリア（聖燭）〟、

ダンサンタスと呼ばれる娘たちが華やかな踊りを披露
手にした棒は蠟燭をあらわし、聖人の故事にちなんでＸ字形をつくり喉にあてるしぐさも

「悪魔」たちは真剣そのものの眼差しで聖母像に向かって雄叫びをあげ、
聖人像に向けて殺到してゆく

と狂信的な叫びを聖母像に投げかける。その後ろでは、ダンサンタスと呼ばれる若い女性たちが、蠟燭を表す棒を振りながら、チャルメラの音のような縦笛と太鼓のローカルなリズム音楽に合わせて踊りながら続く。そして夕刻になると、村人たちは帽子を聖ブラスの司教冠に換えて村外れの墓地に向かうと、礼拝堂で死者の霊を弔い、魔除けの儀式を行う。

そして三日目、聖ブラスの記念日には、御輿に載る聖像が聖母から聖ブラシウスに代わり、前日と同じような大騒ぎが再度繰り広げられる。午前中には行進の途中、家々を訪問して、地元の料理で祝宴をあげたり、祭事の保存のための寄付を募ったり。休憩中の広場では、キツい酒とおつまみ、甘いお菓子が振る舞われ、一足早いカーニバルのようだ。

聖堂での午後のミサの最後には、古来からの因習に基づき聖ブラスの聖像がアルコール度の高い悪魔酒で拭かれ、清められる。夕刻、広場には、踊り娘《ダンサンタス》たちが集まり、聖人の蠟燭にちなむ二本の棒を使った踊りを披露する。二十時、祭りの参加者全員が村の中心の広場に集まり、悪魔たちは翌年までの別れを告げて、「悪魔祓い」の祭事は大団円となる。

極彩色の衣装といい、カウベルの大轟音といい、他のキリスト教の祭事とはかけ離れた要素が多く、古い異教時代の名残りを思わせるこの祭事は、二〇〇八年、ユネスコの世界無形文化遺産に登録されている。

強めの酒で朝から何度も乾杯！

祭壇画、1450年頃、ディジョン美術館蔵

聖ブラス（ブラシウス／セバステの）

Blas（西）Blasius（羅独）Biagio（伊）Blaise（仏英）
三一六年頃没
祝日＝二月三日【任意の記念日】
動物・家畜・医者・毛織工の守護聖人
十四救難聖人の一人（特にのどの病気）
図像では、蠟燭、梳き櫛などとともに描かれる
▼アルモナシド・デル・マルケサド almonacid de marquesado ＝マドリードの南東約一二〇キロ、カスティーリャ＝ラ・マンチャ州クエンカ県の村。祭は、村人たちがこぞってディアブロス（diablos ＝悪魔）に扮することから、「エンディアブラーダ」（La Endiablada ＝悪魔祭り）の別名でも知られる。
公式サイト＝ http://www.laendiablada.com
▼聖遺物は殉教後セバステの大聖堂に葬られていたが、七世紀に一部がローマに、九七二年にクロアチアのドゥブロヴニクに移葬され、同市の守護聖人となった。十四救難聖人の一人に加えられたこともあり、とりわけ中世後期以降はヨーロッパ全土で崇敬され、祭事もイタリア、フランスから南米まで世界各地で営まれるが、特筆すべきは、この「悪魔祭り」と、クロアチアのドゥブロヴニクのものだろう。

2/5

聖アガタ

カターニア（シチリア島／イタリア）

重い蠟燭の束を下ろして一休み
初日、聖女像の前を一晩中練り歩く先導役の若者たち
修道士の服を模したという白い上っ張り（サック）と、
スクツェッタと呼ばれる黒いベレー帽は皆お揃い

信者たちから聖アガタ像の載るヴァラ（神殿風の台車）に蠟燭が次々と奉納される

地中海の中央に位置するシチリア島は、冬でも温暖な気候が続く。東海岸のカターニアで薄桃色のアーモンドの花が野に山に咲く二月初旬、聖アガタ祭が到来する。

聖アガタは三世紀のカターニア郊外で裕福な貴族の家に生まれ、美しいキリスト教徒の娘として育った。しかしシチリア総督の求婚を拒んだのをきっかけに執拗に棄教を迫られ、娼館に送り込む、熱した鉄棒で脅す、大きな鉗子で胸を引きちぎる、などの拷問に遭う。それでも信仰を捨てなかった聖女は、ガラスの破片を敷き詰めた牢獄に入れられて処刑を待つ身となり、途中、町に近いエトナ火山が爆発して刑の執行を免れたが、最後はそのまま獄中で殉教したという。

聖女が帰天して一年後に再びエトナ火山は爆発し、大地震も起きた。流れ出た溶岩はカターニアの町まで迫ったが、聖アガタの墓がある地点で奇蹟的に止まったと伝えられ、以来聖女は、噴火のたびに大地震や溶岩流に苦しんできた町の人々から、篤く崇められるようになった。

二月の三日から五日まで、三日間にわたって繰り広げられる聖女の祭事は、十四世紀後半、最も重要な聖遺物である胸を納めるための容器として、銀で覆った胸像が

旧市街にある聖アガタ大聖堂前広場。ヴァラの出発時は立錐の余地もないほどの人で溢れる

造られた頃から始まったという。ヴァラと呼ばれる、胸像を載せるための神殿風の台車もおそらくこの頃に造られ、お披露目のため町中にプロセッション（祈禱行列）に繰り出すことになったのだろう。ただしオリジナルのヴァラは、第二次大戦中の英軍の空爆で破壊され、現在活躍しているのは戦後新しく作り直された二代目である。

一方、カンネローレと呼ばれる巨大な燭台御輿は十五世紀頃の発祥。重さが半トンから一トン近くあり、四～十二人の男性たちに担がれる。こちらは二日目と三日目、聖像を載せたヴァラが出る前に、十二台が続々と市中に繰り出す。

また初日の夕刻、聖像が大聖堂から市中に御目見得する際には、大きな蠟燭を持った若者たちがプロセッションの先導役を務める。太さ直径五～六センチ、高さ二メートルはあろうかと思われる蠟燭を八本、十本と束ねて運ぶのはなかなかの重労働で、重さは二十キログラムにもなる。費用のほうも日本円にして十万円前後と軽くなく、本人たちの負担になるというが、聖アガタが執り成してくれた幸運を考えると安いもんだよ、と若者たちは涼しい顔である。

上・中段：聖アガタの胸像をかたどった聖遺物容器と、それを載せて進むヴァラ（神殿風の台車）
胸像は最も重要な聖遺物である聖女の「胸」を納めているという
下段：先導役が一晩中担ぐ蝋燭の束は、重さ20kgを超えることもしばしば

カンネローレと呼ばれる燭台御輿は、重さが半トンから1トン近くある
2日目、3日目には、ヴァラが出る前に、カンネローレ12台が市中に繰り出す

左：カンネローネ（燭台御輿）の飾りには、聖女の胸とやっとこ（殉教具）が随所に
右：祭の名物、カッサテッレ・ディ・サンタガータ（聖女の胸をかたどったケーキ）

四日、五日のヴァラのパレードは、市街をまる一日かけてゆっくりと移動する。五十メートル動いては半時間休む、文字どおりの牛の歩みであるが、久しぶりに町に戻ってきた若者たちにとっては、心置きなく旧交を温める貴重な時間となる。会期中、祭事に参加する人は約一万人。シチリア全島、イタリア半島からの観光客は百万人を超えるという。長い歴史を通じて衰えることのない町の人々の聖アガタへの崇敬の熱気が、この祭事をヨーロッパでも最大規模の祭りに発展させたのだろう。

取材のためにホテルのつもりで予約した宿泊施設は、そうした混雑のせいか、意外にもビルの一フロアを改造した民宿だったが、おかげで、祭りにあわせて親類縁者総揃いでパーティを開く一家のご相伴にあずかることができた。聖アガタの祭りの日には、こうして家族が集まり、テラスから行列を眺めながら一夜を明かすのがカターニアの慣わしだとか。食卓にはアランチーニ・デ・リーゾ（揚げおにぎりにパン粉をつけてたようなもの）などのカターニア名物が所狭しと並び、部屋の窓からの撮影を希望していた私にとって、このテラスはなんとも贅沢な、絶好のシューティング・ポイントになった。

17 世紀フィレンツェ派の画家、ピッティ美術館蔵

聖アガタ

Agata（伊）Agatha（羅独英）Agathe（仏）Agueda（西）

二五〇年頃没

祝日＝二月五日【記念日】（日本では翌二月六日）

カターニア、マルタの守護聖人

鐘職人、パン屋、織工の守護聖人

執り成し＝火、噴火（エトナ火山）、乳癌（近代以降）

図像＝乳房・やっとこ・蠟燭・ヴェールとともに

▼カターニア Catania ＝シチリア第二の都市。人口約三一万、北方にエトナ Etna 火山が聳える。

参考サイト＝ https://www.visitsicily.info/en/santagata-in-catania/

▼殉教時、聖女は火刑に処されたが、身にまとっていた赤いヴェールは奇蹟的に燃えずに残ったともいわれ、このヴェールは聖遺物として現存する。

▼十一世紀には、聖遺物がビザンティン帝国の兵士に奪われ、コンスタンティノープルに移されてしまい、八十六年後にようやくカターニアに戻るという一幕もあり、その移葬の日を記念して、カターニアでは八月十七日にも聖アガタ祭りが開催される。

▼来訪客数は例年百万人を超え、バレンシアの火祭り、ミュンヒェンのオクトーバーフェストとともに、世界三大祭りの一つに数えられることもある。

2/14

聖ヴァレンタイン

テルニ（イタリア）

「ハレの日」のテルニ、聖ヴァレンティーノ教会
旧聖堂は４世紀に聖人の墓の上に建てられ、
その跡地に1630年に再建されたもの

会期中、聖ヴァレンティーノ教会の主祭壇は数々のイヴェントやセレモニーの舞台となる

サンタクロースと並んで、二十世紀以降、宗教のいかんを問わず全世界に認知され、人気を博している聖人に、聖ヴァレンタイン（ラテン名ヴァレンティヌス）がいる。聖人の記念日、二月十四日はヴァレンタイン・デーとして広く知られているが、実は聖人がどのような人で、なぜ婚約者・結婚の守護聖人になったかについては定説がない。そもそも聖人の候補が複数いて、三世紀半ばのローマの司祭とも、ローマの北のテルニの司教ともいわれているほか、二人の聖人の墓が共にローマのフラミニア街道沿いにあったこと、殉教した時代が近いことから、両者は同一人物、という説もある。ウァレンティヌスは、ラテン語のウァレンス（健康、力、強さなど）に由来し、初代教会時代も現代のイタリアでも人気のある名前だ。

婚約者・結婚の守護聖人になった経緯についても諸説あって、妻帯者は兵役が免除されるため皇帝が兵士の結婚を禁じていた時代に、聖人が兵士の結婚式を挙げて祝福したことによるとも、二月中旬は小鳥たちがつがいになる季節だからとも、あるいはまた、古代ローマ時代のルペルカリア祭からの因習を受け継いだものともいう。その中でアモーレの国イタリアらしくて興味深いのは、

主祭壇に顕示されている、聖ヴァレンティヌスをかたどった聖遺物容器（17世紀）

ルペルカリア祭起源説だろう。

　ルペルカリア祭は、古代ローマの創始者ロムルスとレムレスを育てた狼《ルーパ》にちなむ無礼講の祭事で、フェブリオ月(二月)中旬に男たちが籤《くじ》引きで女の子を選び、二人を一年間のカップルとする、というもの。紀元後四九六年、教皇ゲラシウス一世は聖人が斬首された二月十四日に記念日を祝っているが、この頃はちょうど、多くの古代ローマの祝祭がキリスト教の祭事に置き換えられた時代でもあった……。

　それはともかく、以上のような経緯で何かと留保つきながら、暫定的に最有力と目されている人物の地元、聖人が司教として活躍したイタリアのテルニでは、近年ヴァレンタイン・デーにあわせて、一月下旬からさまざまなイヴェントが開催される。数回の特別ミサやコンサートはもちろん、聖人ゆかりの聖ヴァレンティーノ教会の近くには雑貨市が立ち、旧市街の広場や小路にはイタリア各地から集まったチョコレート店、アクセサリー店などの出店が軒を並べる。レストランではヴァンレンタインデーの特別メニュを提供し、連日満席の大盛況となる。

　聖ヴァレンティーノ教会ではまた、十七世紀末に書か

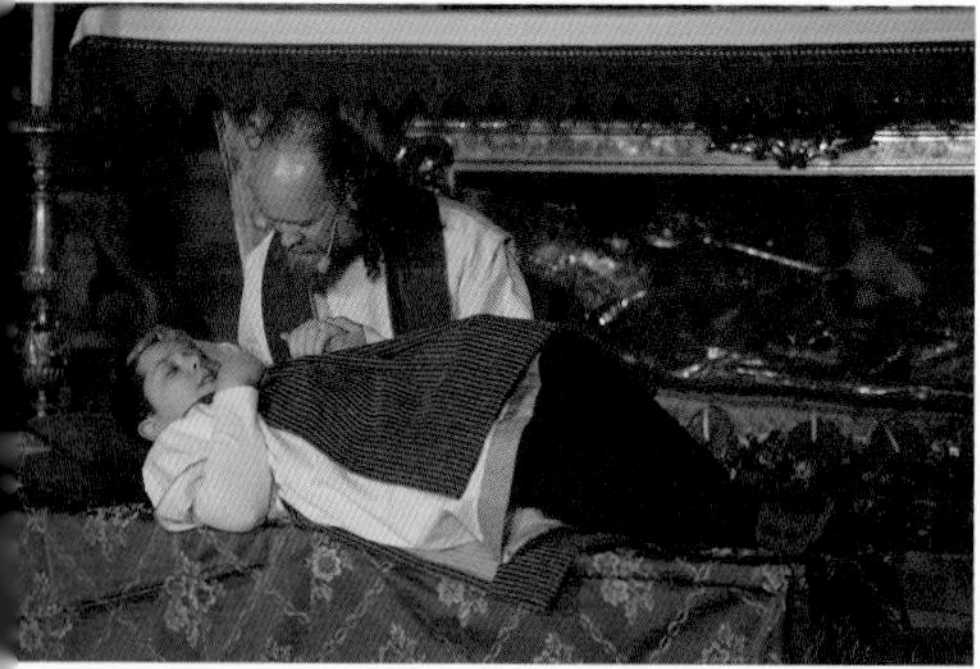

上：主祭壇を舞台に上演される聖ヴァレンティヌス劇。聖堂内全体を舞台に約1時間上演される
下左：聖ヴァレンティヌス劇より（上＝癲癇の子どもを癒し／下＝恋人たちを祝福する）
下右：聖堂内のヴァレンティヌス像も観客とともに劇を見守る

上：テルニの旧市街全体を会場に、ヴァレンタイン・デーの各種イヴェントが繰り広げられる
中：イタリア人はドルチェは何でも大好き／世界最大のハート型チョコレートの製造・直売スタンド
下：チョコ以外にヴァレンタィン・クッキー、さらには花やテディ・ベアなどの屋台も

フランスのサン・ヴァランタン村
上：「愛の婚姻証明書」を手に記念写真／ハレの日？の村役場の花飾り
下：村名の標識——日本の姉妹都市の名も／村のメインストリートは2月14日通り

れた聖ヴァレンティヌス劇をベースに、聖堂内を舞台にして小一時間ほどの歴史劇も上演され、さらに二〇二〇年からは、二月中旬の日曜日にヴァレンタイン・マラソンを開催、聖人を使った町興しに余念がない。

一方、ところ変わって六角形の形したフランスのほぼ中央のあたりにある、人口三百人にも満たない小さな村サン・ヴァランタンでも、恋人たちにちなんだイヴェントが開催される。三十年以上村長を勤めるピエール・ルソーさんの話では、十世紀頃にローマの司祭、聖ヴァレンティヌスの聖遺物が村の教会に移葬され、村はサン・ヴァランタンと命名されたという。フランス革命時に聖遺物は投げ捨てられてしまい、現在は教会には何も残っていないが、村興しのエキスパートでもある村長の発案で、ヴァレンタイン・デーには村役場で「愛の証明書」の授与式が執り行われる。恋人たちには愛の証明書、夫妻には愛の婚姻証明書が交付されるほか、公民館でチョコレート、フランスの愛の画家ペイネの絵葉書、カードなどが販売される。また郵便局も特設され、村名入りの消印はフランスでも大人気とあって、投函する人々が長蛇の列をなす。

聖ヴァレンティヌスと赤いバラを手にした恋人たち
聖堂のステンドグラスの図柄を織り込んだ、テルニの守護聖人の御旗

■聖ヴァレンティヌス（テルニの）
Valentinus（羅）Valentino（伊）Valentin（仏独）
Valentine（英）
三世紀頃没
祝日＝二月十四日
癲《てん》癇《かん》・婚姻・愛・純潔の守護聖人
本文にある通り、ヴァレンタイン・デーの由来となった聖人の「有力候補」のひとりだが、一九六九年のヴァチカン公会議においてカトリック公式の聖人暦からは外されている。

▼テルニ Terni（イタリア）
ローマの北方約七五キロ、ウンブリア州南部の都市。一九八六年以降、「日本におけるヴァレンタイン・デー発祥の地」を自称する神戸市と文化交流を続けている。
公式サイト＝https://www.festadisanvalentinoterni.it

▼サン・ヴァランタン Saint-Valentin（フランス）
オルレアンから南へ約一〇〇キロ、サントル・ヴァル・ド・ロワール州の小邑。こちらも一九九七年に岡山県作東町（現美作市）、二〇一七年には熊本県相良村と姉妹都市提携を結ぶなど、「ヴァレンタイン文化」による村興しに余念がない。

▼ヴァレンタイン・デーは欧米では通例、男女を問わず愛の告白や贈り物をする日。

3/1

聖デイヴィッド

カーディフ（ウェールズ）

聖デイヴィッドに扮する老人が先導する自由参加のパレード
市役所から旧市街を約１時間にわたり行進する

荒涼としたアイリッシュ海に臨むウェールズ、ペンブルックシャーの浜辺

春になるとヨーロッパ各地で黄色い花々が咲く。一月中旬から南仏コート・ダジュールでミモザが、二月になるとフランス・ドイツでレンギョウやクロッカス。そして二月下旬のウェールズ、つまりグレート・ブリテン島の南西部では、各地でラッパズイセンの花が一気に咲きほころび、それを待ちかねたかのように三月一日、聖デイヴィッドの記念日が到来する。

この日、ウェールズの首都カーディフでは大々的なパレードが開催される。英国では、国教会、その改革派の清教徒、バプティストとプロテスタントの宗派がさまざまに枝分かれしており、またカーディフは、新大陸への移民の港であったので、かの地で功成り名を遂げた人たちが戻ってきて、新大陸由来のプロテスタント系宗派の人たちもいる。さらに少数派ではあるがカトリック教徒もいて……という実に複雑な宗教環境のなか、そうした垣根を超えて連帯するための試みとして、聖デイヴィッド・デイのパレードは二〇〇四年から始まった。

聖デイヴィッドは六世紀の半ば、いまだ異教の地であったウェールズ最西端のペンブルックシャーに修道院を建て、キリスト教布教の拠点に育てたといわれる。修道

6 世紀末に聖人が創建した修道院の跡地に立つ、聖デイヴィッド大聖堂（現存する建物は 13 世紀半ばのもの）

院の規則は厳しく、私有財産を禁止、労働を重んじ、農地を耕作するにも家畜の使用を禁止した。食べるものはパンと野菜、味付けは塩のみ、飲み物は水のみという厳格な禁欲主義だった。北大西洋に面した寒さの厳しい地域ながら、着るものは夜も獣の皮が一枚だけ。

数々の奇蹟も伝えられており、聖人の説教を聞くために集まった人の中で後列にいた人が、声も聞こえず、姿も見えないので不満を顕わにしたところ、地面が隆起して後方からでも説教の様子が良く見えるようになり、また白い鳩が飛んできて聖人の肩にとまり、説教が聞こえるように拡声器の役割も果たしたという。聖人はローマ、エルサレムにも巡礼し、ウェールズに他にも数多くの修道院を創設したが、拠点としたペンブルックシャーの修道院跡には十二世紀に大聖堂が築かれ、聖人の聖遺物も今なおこの地に納められている。

三月一日の正午になると、カーディフの市役所前の広場には、黒地に黄十字の聖デイヴィッド旗、白と緑の地に赤いドラゴンを描いたウェールズ旗を持った人々が続々と集まり、やがて旧市街を目指して行進が始まる。行進の先頭には、杖を突き質素な修道士風の身なりをし

上段：カーディフ城の北側に広がる広大なビュート公園のあちこちにもラッパズイセンが群生
中下段：いたるところにラッパズイセンとリーキが。左下は郷土料理のリーキスープ

荘厳で風格ある聖デイヴィッド大聖堂内観

パレードの先導者と発案者、二人のデイヴィッドさん。ウェールズにこの名をもつ人は多い

た聖デイヴィッドに扮する老人。その後ろにはこの運動を始めた彫刻家の、その名もデイヴィッドさんが大きな聖デイヴィッド旗を掲げて立ち、さらに音楽隊、老若男女を問わず一般市民が続く。ウェールズではこの日は公休日になるので、小学生たちも学校単位で参加する。全員が手に手に聖デイヴィッドとウェールズの旗を持ち、ラッパズイセンの帽子をかぶったり、胸にこの花を付けたりして行進する。当初は百人にも満たなかったが、今では千人以上の参加者がある。カーディフの繁華街を一通り練り歩いたあと、街の中心地、ザ・ヘイズと呼ばれる広場で代表たちの聖デイヴィッド賛美の演説があり、お開きとなる。

　発起人のデイヴィッドさんに祭事の意義をうかがったところ、宗派も考えも違う人々が集まり、同じ御旗のもとで一つのことをするのは実にすばらしいと思わない？　と逆に切り返される始末。ウェールズではこの十年で、聖デイヴィッド旗の露出が格段に増え、ラグビーの国際試合などでも使用されるようになっており、これなどもこのパレードの効果の一つなのだろう。宗教色は薄いが、自由気儘で熱っぽい祭事だった。

ペンブルックシャー、聖デイヴィッド大聖堂内陣障壁

■聖デイヴィッド

David(西仏独英) Dewi(ウェールズ語) Davidus(羅) Davide(伊)
五八九／六〇一年没
祝日＝三月一日
ウェールズの守護聖人(十二世紀以降)
図像＝鳩・ラッパズイセンとともに

▼聖人の前半生は不詳。一説に大変な長寿で帰天時には百歳を超えていたともいう。父は地方の王族の出身、母は信仰篤く後に列聖された聖ノン。

▼一一二〇年に教皇カリストゥス二世により列聖され、その後、ペンブルックシャーの修道院跡に大聖堂が建てられ、セント・デイヴィッズは巡礼地として栄えた。この地に二度参詣すれば、ローマに詣でたのと同じ御利益があるとされたという。

▼リーキ(西洋ネギ)は古く七世紀にケルト系ブリトン人が帽子にリーキをつけて戦い、勝利を得た故事に遡るといい、ウェールズを象徴する植物。ラッパズイセン(Daffodil)が聖人のシンボルとされる点については、デイヴィッドと音が似ているゆえ、との説もあるが不詳。本文にある通り、記念日を祝うように咲くことも無縁ではなかろう。

祭事の公式サイト＝http://www.stdavidsday.org

▼スウォンジーなど、ウェールズの他の主要都市でも祭事がある。

3/19

聖ヨセフ

バレンシア（スペイン）

「サン・ホセの火祭り」として名高い聖ヨセフ祭の最終日、
約3時間にわたって披露されるストリートパフォーマンス、
「カバルガータ・デル・フエゴ」（炎の行進）

バレンシアの市井の中心地、ラ・レイナ（女王）広場。広場の奥に大聖堂の鐘鐘が見える

スペイン南西部、地中海に面した港町バレンシアは、三月も中旬ともなると太陽の光が眩しいほどに輝き始める。気温も二十度を越え、初夏とも思える日もある。人口八十万人を数えるこのスペイン第三の大都市では三月一日から三月十九日まで、午後二時になると市庁舎前広場でマスクレッタと呼ばれる爆竹がさく裂する。最初の週だけでも一日百二十キログラムの爆竹が消費され、日を追うごとにその量は増えてゆく。三月十九日の聖ヨセフの祭日になると、何と約三百キログラムの爆竹を一気に投入、耳を劈《つんざ》くような激しい破裂音が十分以上続く。市役所の広報課が消音用のヘッドフォーンを貸してくれたものの、全く役立たない大爆音。五階建ての市庁舎の屋上に特設された報道席まで地上から爆竹の破片が飛んでくる。一面に硝煙の匂いが立ちこめ、取材中もハンカチを鼻にあてながら撮影しなければならないほどだった。

ヨーロッパ三大祭りの一つにも数えられるバレンシアの火祭りは、春分、季節の変わり目を告げる祭事でもある。周辺の家具職人や大工たちが、作業中に出た木っ端や木片を貯めておき、大工の守護聖人である聖ヨセフの祭日に燃やし始めたのが祭事の発端だという。

3月初旬から市役所前広場で毎日14時に爆竹（マスクレッタ）が炸裂

三月十五日から十九日までの会期中は数々のイヴェントが目白押しだが、その中で一番華やかなのが、十七日から始まる、オフレンダと呼ばれる聖母マリア像への献花の行進だ。周辺の約十万の人たちが、民族衣装の晴れ着に身を包み、バレンシアーナと呼ばれるリズミカルな音楽に合わせて、花束を手に昼から夜遅くまで延々と行進を続ける。目的地は街の中央にある、大聖堂横の孤児の聖母マリア広場だ。広場には、聖母の顔と幼子イエスの聖像をのせた木組みが準備され、次々と持ち込まれる花々を職人たちが梯子掛けで待ち構え、高さ約十メートルもある花の聖像を作ってゆく。

この花の聖母は「孤児たちの聖母マリア」、別名ファルスケンの聖母マリアと呼ばれている。一四〇九年にバレンシアの司祭が修道院から教会に行く途中に精神障害のある子どもが悪漢たちにリンチを受けているのを見て、孤児たちを救うために聖母マリアに祈願したことに端を発する。当時のスペインは、飢饉と黒死病の影響で精神障害を持つ子や、親から捨てられた子どもたちが多く、修道士たちが孤児を救うため信者団体を組織し、収容施設を設けていた。孤児たちの聖母マリアはバレンシアの

上：民族衣装を着た人々が献花に訪れ、2日がかり、約2トンのカーネーションで花の聖母子像が作られる
下：レースと刺繍が美しいバレンシア地方の民族衣装

大聖堂横の広場に控え目に立つ聖父子像。こちらも献花によって、大聖堂の壁に花の衝立が作られる

献花には近隣から約10万人の人々が民族衣装を着て参加、行進は午後3時から深夜の1時まで延々と続く

守護聖人となり、一九二三年には教皇ベネディクトゥス十五世の認可を得て、王冠を戴くようになった。聖母の戴冠式には、衣の花の厚さが一メートル以上になった聖母像が、花々で飾られた路地を通って戴冠式会場の王の橋まで行進し、戴冠式では信者から奉納された夥しい数の宝石を市長が代表して捧げたという。

祭りの最終日、十九日にも同様の花の行進があるが、この日は完成した巨大な花の聖母子像への献花が目的だ。圧倒的な存在感を示す孤児たちの聖母子像が立つ広場の片隅に、花の壁を背中にして幼いイエスを抱いた聖ヨセフの像がひっそりと立っている。自身の祭日であるにもかかわらず、養父聖ヨセフはここでも遠慮がちだ。スペインは欧州で聖ヨセフ信仰が最も強く、教会に行っても堂内にしばしば聖ヨセフの聖像を見かける。しかしそれ以上に聖母マリアへの崇敬が篤いのがここスペインである。女性の名前の多くがマリアと命名され、さらにマリア・テレサ、マリア・カルメンなどの合成名を加えると、大半がマリアを名乗る。その上、ホセ・マリアのように男性の名前に付加されたり、ディ・マリア、デラ・マリアなどと姓名になったりもする。スペインは聖母マリア

左：完成した聖母像。広場いっぱいに花の香りが／右上：大きな花籠で献花する人も

礼賛、聖母マリア・フリークの国なのだ。

聖母の前ではいささか影が薄くならざるを得ないとはいえ、イエスの養父ヨセフは、イスラエル王国第二代王、ダビデ王の血を引く由緒正しい名家の出身といわれている。ダビデ王は十四代遡るとアブラハムに繋がり、さらに二十代遡ると人類の始祖アダムまで通じる。またイエスの誕生に先立ってはヨセフの許にも天使が現れ、許嫁マリアが聖霊によって男の子を授かり その子をイエスと名づけるように告げる。ヨセフの生涯の詳細は知られていないが、臨終に際しイエスと聖母マリアに看取られ平穏のうちに昇天したとされている。

聖母マリアへの信仰は五世紀に確立し、同時にローマに聖母マリアに捧げた聖堂も造られていた。しかし聖ヨセフ信仰は比較的新しく、国によって信仰の始まる時期も違う。スペインでは十六世紀半ばに聖女テレサによって聖ヨセフへの崇敬が本格的に始まった。さらに近代以降は、一八七〇年に教皇ピウス九世が、ヨセフを全教会の普遍的な守護聖人に指名、一九五五年にはピウス教皇十二世によってメーデーの五月一日が「労働者・聖ヨセフの日」に制定されるなど、教皇庁のバックアップも得

市役所前で燃え尽きる人形（ファジェス）と、それを見守る祭りの「親善大使」に選ばれた娘たち

祭のクライマックスとして行われる人形焼き（クレマ
市内の広場や辻に大小約800の張り子人形（ファジェス）が置かれ、19日の23時ころから燃やされ

町中が硝煙の匂いに包まれる「カバルガータ・デル・フエゴ」（炎の行進）と、
無事大役を果たし終え、感極まって抱き合う「親善大使」の娘たち（左下）

て、万人に崇敬される聖人の地位を不動のものとしているといえよう。

最終日、聖ヨセフの祭日の火祭りは夕方から始まる。街の大通りを、「カバルガータ・デル・フエゴ」と呼ばれる火花のパレードが練り歩いた後、午後十一時頃から市内の広場や十字路に置かれている巨大な張り子の人形（祭りと同じファジャス／ファジェスの名で呼ばれる）に火がつけられる。大きいものは高さ約三十メートルもあり、燃え尽きるまでに半時間から一時間近くかかる。その間、消防車が待機して延焼を防ぐために人形や近くの建物に放水する。至近距離からの撮影は禁止されており、やむなく消防隊の近くでカメラを構えるが、それでも顔が火照るし、人形が燃え落ちるときには大量の火の粉が飛んでくるので、タイミングをはかって観客席の安全地帯まで逃げ込まなければならず、なかなかスリリングである。最優秀に選ばれた一体を除きすべての人形が燃やされ、二時間ほどであらかた灰になるが、祭りの熱気はなおも止まず、海岸線も路上も、夜明けまで火祭りの余韻を楽しむ人々で溢れかえったままである。

聖父子像、スペイン、ムルシア大聖堂蔵

聖ヨセフ

José（西）Josep（カタルーニャ語）Josephus（羅）Giuseppe（伊）Joseph（仏独英）

一世紀頃

祝日＝三月十九日【祭日】／五月一日【任意の記念日】

夫婦・家族・旅人・大工の守護聖人

労働者の守護聖人（一九五五年より）

図像＝百合・花咲く杖・大工道具など

▼聖ヨセフ崇敬に関しては、十七世紀フランス、太陽王の父ルイ十三世の崇敬熱もよく知られるところで、三月十九日を国民の祝日に定めたという。

▼「サン・ホセの火祭り」として名高い聖ヨセフの祭事は、当地では「ファジェス（falles ＝カタルーニャ語）、ファジャス（fallas ＝スペイン語）」の名で親しまれている。もともとは「かがり火」の意で、祭りの名であると同時に、会期中に街中に展示される、名物の張り子人形（もしくはモニュメント）もまたこの「ファジェス／ファジャス」の名で呼ばれる。

公式サイト＝ https://www.fallas.com

▼セビリアの春祭り（4月）、パンプローナの聖フエルミン祭（7月、同項参照）とともに、スペインの三大祭りのひとつとされている。またスペインの火祭りとしては他にアリカンテのものが有名（6月24日／洗礼者聖ヨセフの項を参照）。

4/25

聖マルコ

ヴェネツィア（イタリア）

聖マルコの祝日の朝は、
ヴェネツィアらしからぬ？軍靴の響きとともに始まる

縞シャツのユニフォームを着て、ゴンドリエの代表もミサに参加

福音記者の一人聖マルコの祝日、四月二十五日にヴェネツィアの聖マルコ大聖堂広場で数々のイヴェントが繰り広げられる。この日は、第二次世界大戦末期にドイツの傀儡政権の元首となっていたムッソリーニがミラノからスイスへの逃亡中パルチザンに捕らえられた日で、イタリア解放記念日となっている。ムッソリーニは、その二年前に国家ファシスト党の大評議会の決議で失脚し、幽閉されていたイタリア中部の山合いでナチスの飛行隊に救出された。その後、ドイツ軍が進駐していたイタリア北部を領土とするイタリア社会共和国の首相になっていた。政府をヴェネツィアに近いガルダ湖畔のサロに置いていたことから、連合軍からサロ共和国とも呼ばれていた。同国の成立後、日独伊防共協定を結んでいた日本とドイツは大使館をヴェネツィアに置き換えた。イタリア北東部からスロベニアにかけてはナチス・ドイツが死守していた地域で、ヴェネツィア周辺は大戦末期までドイツのファシズム政権の強い影響を受けた。ドイツへのレジスタンス運

特別ミサの後、ヴェネツィアのお歴々に挨拶する大司教

動も強く、住民にとって四月二十五日はイタリアというよりむしろヴェネツィアの解放記念日なのだ。そのためにイタリアの中でも大規模な解放記念の祝典が、陸海空の幕僚、将校、退役軍人たちが参加して聖マルコ大聖堂の前で開催される。

軍隊の式典が終わると、聖マルコ大聖堂で十時半から聖マルコの祝日の特別ミサが始まる。ヴェネツィア大司教フランチェスコ・モラリアが司式する特別ミサには、ヴェネツィアの市長、警察署長はじめ、多くのお歴々が参加する。

聖マルコは、一世紀初めにユダヤの裕福な家庭に生まれた。幼い頃父と死別し、敬虔な母マリアに育てられたが、実家は立派な邸宅で、初代教会時代にエルサレルムの信徒たちの寄り合い所になっていたらしい。広間でイエスが弟子たちと最後の晩餐を開催したとも、イエスの昇天後五十日目、ペンテコステに弟子たちがこの家に集まっていたところ、聖霊が降臨したともいわれる。マルコは従兄弟バルナバに誘われ聖パウロの

ヴァチカンの枢機卿でもあるヴェネツィア大司教フランチェスコ・モラリアが特別ミサを司式

ビザンティン様式の荘厳な大聖堂は本来隣接する共和国の統領宮殿の礼拝堂であった
19 世紀初頭にナポレオンの命によりヴェネツィア大司教座教会に変わっ

第一回伝道旅行に帯同したが、キプロス島まで行き途中で引き返した。その後、エジプトに宣教に赴き、アレクサンドリアの初代の司教となった。エジプトにコプト正教の教会、ギリシア正教のアレクサンドリア教会を作った。しかしその宣教によりキリスト教徒が急激に増えたことから異教徒に妬まれ、捕らえられてこの地で殉教した。マルコはイエスと行動を共にしたことはなかったが、聖ペトロから伝え聞いたことを基に福音書を書いた。その遺体はアレクサンドリアに葬られていたが、八世紀頃から北アフリカがイスラム教徒に占領されたために、ヴェネツィアの商人が聖遺物を故郷に移した。運ぶ際にはアラブ人が忌み嫌う豚肉の籠の中に聖遺物をひそませて、船でヴェネツィアまで運んだといわれる。聖マルコの聖遺物は八二八年、ヴェネツィアの首領、統領宮殿の付属教会に正式に移葬された。

教会は二度火災にあい、現在の教会は十一世紀半ばから建立が始まり十二世紀初頭に完成した。特産のヴェネツィア・ガラスの黄金のモザイクで飾られた壁や天井、多色大理石を敷き詰めたモザイクの床は、ヴェネツィアの繁栄を物語り豪壮で格調高い。古式ゆかしく執り行われた荘厳な特別ミサが終わり、大聖堂を出ると、聖マルコのシンボル、聖書を持った翼のある金獅子を描いた大きな旗を振っている人たちがいた。

聞けば、昔日のヴェネツィア共和国の栄華栄耀の再現を目指して、ヴェネツィアを中心としたヴェネト地方の独立を訴えているという。犬を連れた運動の中心人物、ジョヴァンニさんの話題はしかし、ヴェネト独立は横に置いてもっぱら愛犬アキタ・イヌの話。今、ヨーロッパではお利巧で毛並みが美しいアキタ・イヌ、シバ・イヌなど日本の犬は大人気だとか。独立運動について質しなおすと、ヴェネツィア周辺と現在のイタリア共和国の歴史、文化の起源は全く別なのだと。確かに十九世紀半ばにイタリア半島が統一されるまで別の国であったのだ。独立運動家たちは、遺産、伝統、文化、言語などの違いも説く。何よりも経済基盤、環境が全く違う

金獅子を描いたヴェネツィア共和国の旗は、ヴェネト独立運動の象徴でもある

という。私自身もイタリアを旅すると南北イタリアの経済格差、慣習の違いに戸惑うこともある。何よりもヴェネト地方のためにイタリア政府へ自治権、さらには独立まで要求している運動なのだ。すでに二〇一七年にヴェネト地方で住民投票が行われ、独立への賛成が過半数を超え、独自の大統領まで有している。

　七世紀末に成立したヴェネツィア共和国は、聖マルコを守護聖人としてから大いに繁栄した。ヴェネツィアを起点にアドリア海の沿岸都市を支配し、十字軍の時代には多くの軍団がここから聖地を目指して出港した。アドリア海沿岸、黒海沿岸、ギリシアのエーゲ海諸島、キプロス島、聖地エルサレムまで広大な地域を勢力範囲とし、版図内の都市では聖書を持った翼のあるライオンが随所に彫られ、旗がなびいていた。そのために当時は聖《サン》マルコ共和国ともいわれていた。イタリア海軍師団もサン・マルコと命名され、ヴェネツィアは海軍の重要基地の一つでもあった。地中海を制していた海洋国家ヴェネツィア共和国はナポレオンに解

大聖堂内の聖マルコ礼拝堂から堂内を一巡して主要祭壇までプロセッションがある

信者席と後陣の主要祭壇は大きな衝立で分けられている
衝立の上には十字架像を中心に十二使徒の像が並ぶ

DVM TEMPVS HABETIS

この日、聖マルコ広場には男性から女性に贈る赤い薔薇、「聖マルコの蕾」の特設スタンドが立つ

体される一七九七年まで、約千百年間続いた。

聖マルコの日にはまた、広場に赤い薔薇を売るスタンドが立つ。九世紀のヴェネツィアの統領の娘マリアが恋人との結婚を許されなかったために、恋人が武勲をあげ父に認められることを願って戦場に送り出した。しかし恋人は戦死し、亡くなる寸前、戦友に、ヴェネツィアに帰ったら許嫁のマリアに純愛の証として赤い薔薇を贈ってくれるよう依頼する。

それ以来ヴェネツィアでは、ヴィーナスの恋人である軍神マルスにあやかった名をもつ聖マルコの祝日に〝聖マルコの蕾〟（ボッチョーロ・ディ・ローザ）と呼ばれる薔薇を、生涯の伴侶、恋人、許嫁、妻、母、娘に、男性から女性に贈る風習が生まれた。近隣のヴェローナのロミオとジュリエットの物語を思い出させる話ではあるが、いかにもフェミニストの国イタリアらしい慣習だ。赤い薔薇を売るスタンドはイタリア赤十字が設営しており、収益金はイタリア赤十字の赤い薔薇募金となる。

大聖堂左袖廊の聖マルコ礼拝堂

■聖マルコ（福音記者）

Marco（伊）Marcus（羅）Marc（仏）Marcos（西）Markus（独）Mark（英）

一世紀頃

祝日＝四月二十五日【祝日】

ヴェネツィアの守護聖人

書記・公証人（ペトロの秘書をつとめたことから）、籠・莚をつくる職人（移葬時の逸話から）、石工、ガラス職人の守護聖人

図像＝翼ある獅子とともに

▼聖マルコが初代司教をつとめた殉教の地アレクサンドリアでは、聖人ゆかりの教会の跡に現在もコプト正教会の聖マルコ大聖堂が建ち、聖遺物のうち頭部のみはここに保管され続けていたという。ヴェネツィアに移された聖遺物の一部も一九六八年、ローマ教皇を介してこの地に里帰りした。

▼一風変わったところでは、南仏アヴィニヨン郊外のヴィルヌーヴ・レザヴィニヨン Villeneuve-lez-Avignon では聖マルコはワインの守護聖人のような扱いで、祝日にあわせて祭事ありという。

▼またシチリア島北部のサン・マルコ・ダルンツィオ San Marco D'alunzio では、三人の町の守護聖人（聖マルコ、聖ニコラウス、聖バシリウス）を八月初旬の週末にまとめて祝う。

5/1

聖エフィジオ

カリアリ（サルデーニャ島／イタリア）

祭りにはトラッカと呼ばれる牛車がサルデーニャ各地から参加
花や緑、民族衣装で華やかに彩りを添える

牛に曳かれた聖エフィジオ像は巡礼で訪れる先々で村の入り口で大歓迎を受ける

聖人たちの中にはグローバルな聖人もいれば、他国ではあまり知られていない聖人もいる。ローカルではあるがその地方では絶大な人気を誇っている聖人の一人に、イタリアの サルデーニャ島の聖エフィジオがいる。

地中海の中央に位置するサルデーニャ島南端の州都カリアリは、四月末になると初夏を思わせる陽気となり、五月一日の聖エフィジオ祭の準備が全島あげて始まる。祭りは五月一日から四日まで、カリアリと聖エフィジオの殉教の地ノラを往来する四日間の巡礼として開催される。

伝承によると聖エフィジオ（ラテン名エフィシウス）は、二五〇年ごろ、現トルコ東部アンティオキアの近くで、異教徒の母とキリスト教徒の父の間に生まれた。成人するとローマ皇帝ディオクレティアヌスの軍隊に入隊し、キリスト教徒たちと戦っていた。ナポリ（もしくはブリンディジ）に進軍中、エフィジオの前に眩いばかりの光と共に右手に十字架を持った若い士官が現れ、それを見たエフィジオはキリスト教に改宗した。あるいは、ある夜、夢の中に雲間から光り輝く十字架が現れ、何故キリスト教徒を迫害するのか、という神秘的な声を聴き、改宗し

牛たちもサルデーニャ刺繍の頭布を被り、角をリボンで飾ってトラッカ（アンティーク・ワゴン）を曳き巡礼に参加する

たともいわれる。ローマ軍の一員として派遣されていたにもかかわらずキリスト教に改宗したことで皇帝の逆鱗に触れ、三〇三年一月十五日、サルデーニャ島西南端のノラの海岸線プラ岬の砂浜で殉教した。

一六五二年、スペイン北東部のカタルーニャ地方の船乗りたちがサルデーニャ島にペストをもたらした。ペストはサルデーニャ島全域に蔓延し、なかでも州都カリアリで猖獗を極めた。カリアリでは約一万人が亡くなり、棺と墓の町に化した。一六五六年、住民たちが聖エフィジオに祈願したところペストは奇蹟的に終息する。それ以来、聖人への感謝の巡礼が毎年五月一日に行われるようになった。四月三十日、聖人が投獄されていたカリアリの岩窟牢の上に築かれた教会で、聖エフィジオ像に晴れ着が着せられ、奉納品の貴金属、宝石、勲章などで飾られる。その中にはハプスブルクの女帝マリア・テレジアから奉納された高価な金の首飾りもある。翌五月一日、聖エフィジオ教会でミサが行われた後、カリアリから南西に三十五キロメートル離れた殉教地ノラまで巡礼がある。祭りの日、聖エフィジオの像は牛が曳く山車に乗せられ、ロザリオの祈りを唱え、聖人への賛歌であるゴッ

美しい民族衣装は花嫁衣裳としても着られる。刺繍と宝飾品が印象的

巡礼の一行が村に着くたび、聖像を納めたガラスケースの扉が開かれ、花びらが舞い散

左：カリアリの聖エフィジオ教会地下、聖人が投獄されていた洞窟と、その前にしつらえられた祭壇
右：巡礼前夜の聖エフィジオ像。晴れ着を身にまとい、宝石・貴金属・勲章で飾られている

チウス（Goccius）を歌う五千人以上の民族衣装の人々に先導されて市内を進む。その後を花で飾った山車、馬に乗った民族衣装の男性や婦人たち、さらに軍隊の行進もあり、華やかで盛大なパレードが約三時間ほど続く。

　パレードがカリアリ市内を出ると民族衣装の団体と信者たちが次の村を目指して海岸線を進む。巡礼路にある村々では、村に入るあたりから道路一面を生花の花びらで敷き詰め、その上を村の司祭、村民に先導されて聖エフィジオ像を乗せた山車が進む。聖像は村の教会や講堂で半時間から一時間近く顕示され、その間に信者たちは感謝の祈りをささげる。休息後、村民全員で村の境まで見送り、巡礼の行列は次の村へと向かう。こうして一行は目的地ノラまでまる一日かけて練り歩く。ノラに着くと聖像は丸二日滞在、その間に聖人ゆかりの地を訪ねる。そして四日目、聖像と巡礼者たちは再度丸一日かけてカリアリの聖堂に戻る。聖エフィジオ祭は、聖人へ感謝の気持ちを表現した祭りであるとともに、サルデーニャ島民のアイデンティティを鼓舞するような地域性に富んだ祭りでもある。

カリアリ、聖エフィジオ教会所蔵の聖像

■聖エフィジオ（カリアリの）

Efisio（伊）Ephysius（羅）
三〇三年頃没
祝日＝一月十五日
サルデーニャの守護聖人

▼カリアリ Cagliari ＝サルデーニャ自治州の州都。人口約十五万人。

▼大祭は、一六五六年、ペストが終息した後に守護聖人へ感謝の意味で始まり、御輿に乗る聖像もこの時に作られた。疫病から救われたことを感謝し生きる喜びを表現するには、自然が活気づく五月初旬がふさわしいとして、（聖人の記念日ではなく）この時期に巡礼が設定されたという。

▼カリアリ市内のパレードには毎年三千人以上が参加、世界各地からの観光客は十万人にのぼる。公式サイト＝https://www.festadisantefsio.com

▼トラコスと呼ばれる牛車は、各地の伝統保存会が管理しており、約二十台がカリアリ市内のパレードのみに参加。同じ保存団体の人々が民族衣装を着てその後ろにつき従い、詠歌を詠いながら練り歩く。そのあとにカピダーノと呼ばれる民族衣装を着て馬に乗った人々や、昔の戦士の姿をした人々などが続き、最後尾を聖人像を載せた牛車が占める。

5/8

聖ジャンヌ・ダルク

オルレアン／ランス／ルーアン（フランス）

ジャンヌの騎馬像が立つオルレアンのマルトロワ広場
オルレアン解放の5月8日に近い日曜日にパレードが開催される

ドムレミ村のジャンヌ・ダルクの生家
村は 1578 年にドムレミ・ラ・ピュセル（乙女）と改名

聖人たちの列聖までの期間は、千差万別。パドヴァの聖アントニオのように帰天後一年も経たないうちに列聖される聖人もいれば、列聖までに多くの歳月を要した聖人たちもいる。列聖までの時間は時代や政治情勢などに大きく左右されるが、フランス救国の乙女といわれるジャンヌ・ダルクもまた後者、つまり列聖までにかなりの時間を要した聖人の一人に数えられる。

ジャンヌ・ダルクは、一四一二年フランス北東部のロレーヌ地方の山村ドムレミに生まれた。当時、フランスは海を隔てた隣国イングランドから侵略を受け、北東部を占領されていた。その上、フランスは王不在の状態が続き、その隙をついて英王は婚姻関係からフランス王を主張するような時代であった。ジャンヌ・ダルクは少女時代に、英軍に占領されているフランスを解放し、フランス王太子を正式な王位につけるよう神の声を聞く。十七歳の若さで神の声を実践すべく立ち上がり、

シノン城――ジャンヌが王太子シャルル７世に初めて謁見した運命の地
（オルレアンの南西、ロワール河を 200km ほど下ったあたりに聳える）

王太子と面談し、オルレアンに向かい町を解放し、劣勢だったフランス軍を勢いづかせた。

その後、フランス北東部シャンパーニュ地方のランス大聖堂で王太子をシャルル七世とする正式な戴冠式を挙行した。当時、フランス内の勢力も二派に分かれていて、ブルゴーニュ派はイングランドに加担していた。ジャンヌは、コンピエーニュの戦いで敵対するブルゴーニュ派に捕らえられ、ボーヴェ司教コーションによってイングランドに売られた。

当時イングランドはフランス西部のルーアンを占領していたために、ルーアンで異端審問が行われ、ジャンヌ・ダルクは男装の魔女と言うことで異端宣言を受け、焚刑に処された。魔女として裁かれたジャンヌではあったが、キリスト教信者としては敬虔で、当時聖体拝領は一年に一度であったといわれるが、ジャンヌは週に二回も受けていた。時には、食べ物を何も食べずご聖体だけで戦

当時を再現したオルレアンのパレード——スコットランドからもバグパイプの演奏団が参加

オルレアンのメイン・ストリート、ジャンヌ・ダルク通
突きあたりにサント・クロワ（聖十字架）大聖堂が聳え

ランスのジャンヌ祭りでは、大聖堂裏のアンリ・デニュー公園に中世の村を再現

った日もあったという。ジャンヌの異端審問は敵国からの濡れ衣であったために、死後二十五年でヴァチカンから無実、殉教を宣言された。十九世紀末、オルレアン司教の計らいで列聖への道を歩み、一九〇九年に列福、第一次大戦後の一九二〇年に列聖された。

ジャンヌの活躍は約半年と短期間であったが、毎年聖女ゆかりの地でジャンヌ・ダルク祭が開催される。英軍から解放したオルレアンで、シャルル七世を正式なフランス王にするために戴冠式を挙行したランスで、そして火刑にされたルーアンでも開催されるが、祭りの内容は三種三様だ。

フランス中部ロワール河に臨むオルレアンでは、英軍から解放された五月八日に、最も古い歴史あるジャンヌ・ダルク祭が開催される。ジャンヌが処刑された四年後、すでに一四三五年から開催されている。毎年オルレアン市民からジャンヌ・ダルクになる乙女が選ばれ、パレードの中心人物となる。祭りの日、空にはフランス空軍機が飛び交い、軍事パレードも行われる

ランスでは本格的な鷹狩りのエキシビジョンも

ほか、スコットランドからもタータン・チェックに身を包んだバグパイプの集団が参加する。ジャンヌの時代、スコットランドはイングランドの敵国、つまりフランスの同盟軍、ジャンヌの朋友だった。そんな時代背景を考えると、現在もスコットランドに独立運動があり、EU離脱を決めた英国を尻目に残留をチラつかせてみせるなど、政治的な駆け引きに余念がないのも分からないではない。

一方、シャンパーニュ地方の中心都市、シャルル七世がフランス国王として戴冠式を行ったランスでは、中世の村が再現され、ジャンヌ・ダルクと、フランス王家の百合紋をあしらった青いマント着用のシャルル七世に扮する男女が登場するパレードがある。中世の村では、鷹狩り、騎士たちの模擬試合、昔ながらの職人たちの屋台が立ち並ぶ。無論、当地の名を世界的に有名にしているシャンパンのスタンドも立つ。ランスの祭りは、聖女の記念日（五月三十日）に近い五月下旬から六月上旬にかけての週末に開催される。

Jehanne au Sacre

上はランスでのパレード（こちらではシャルル7世役が同行）／下はルーアンのジャンヌ像（祭の頃、アジサイが満開）

ランス大聖堂内の聖ジャンヌ・ダルク銅像。1909年の列福に際し顕示さ

ルーアンのジャンヌ祭は、自由を象徴するジーンズ地の衣装をまとった女性のみのパレード

ジャンヌが火刑に処された町ルーアンは、英国にも近いフランス北西部最大の町。ジャンヌ・ダルクの時代には約三十年間も英国に占領されていた。焚刑の日（五月三十日）に催される当地のジャンヌ・ダルク祭は、いわば女性解放の祭典で、参加者全員がジャンヌ・ダルクともいえる、フェミニストたちのパレードだ。取材をしていても、カメラに物怖じしないアグレッシヴな女性たちの迫力に圧倒されっぱなしだった。

英国では、さすが救国の聖女と祀るわけにもいかないのか、ジャンヌ・ダルクはフェミニストのシンボルとなっている。そんな英国の影響もあってか（?）、ルーアンのジャンヌ・ダルク祭は、老若問わず女性市民総出で盛りあがり独特の熱気を帯びる。フランス本国でもまた、当人の与り知らぬところで、ジャンヌ・ダルクはフェミニストたちのシンボルになっているわけで、ルペン女史に率いられるフランスの極右政党国民戦線がジャンヌを「守護聖人」、党のシンボルとしているのも頷けるところだろう。

ドムレミ・ラ・ピュセル、記念館所蔵のジャンヌ・ダルク像

■聖ジャンヌ・ダルク

Jeanne d'Arc（仏）Johanna de Arc（羅）
Giovanna d'Arco（伊）Johanna von Orléans（独）
Joan of Arc（英）

一四一二―一四三一
祝日＝五月三十日
フランスの守護聖人
捕虜、女性軍人、ガールスカウトの守護聖人

▼列聖のはるか以前、一四三五年から開催という長い歴史をもつオルレアン Orléans の祭事は、聖人の祝日ではなく、解放記念日の五月八日に近い日曜日に開催される。ちなみにフランスでは一九二〇年の列聖以来、五月第二日曜を「聖ジャンヌ・ダルクと祖国愛の国家祝日」と定めている。
公式サイト＝ https://www.orleansjeannedarc.fr/

▼ランス Reims とルーアン Rouen では聖人の記念日（もしくは直近の日曜日）の祭事。三つの祭事の中ではランスのものが一番、宗教的要素が強い。
参考サイト＝ https://www.reims.fr/la-ville-de-reims/festival-et-evenements/les-fetes-johanniques-7485.html

▼ルーアンのジャンヌ像は一九七〇年、市場になっていた焚刑地跡に聖ジャンヌ・ダルク教会が建てられた際、広場に面した外壁に置かれた。一九二七年、フランス人彫刻家デル・サルト作とされる。

5/22

聖リタ

カーシア（イタリア）

赤い薔薇の花で飾られた聖リタ像が
初夏の日射しのなか、ウンブリアの山道をゆっくりと運ばれてゆく

カーシアから約6キロほど山奥に入った聖リタの生地ロッカポレーナ
プロセッションはここを早朝に出発する

イタリア中部ウンブリア地方は、イタリアの屋台骨アペニン山脈の中央に位置し、森林、丘陵、山地が多いことから「緑のハート」（Cuore Verde）と呼ばれている。その清々しい自然美が聖人を育んだのか、ウンブリアはアシッジの聖フランチェスコをはじめ、多くの聖人を輩出している。絶望した時、不可能なことを抱えた時に神に執り成しをお願いする守護聖人、カーシアの聖リタもその一人だ。

一三八一年、聖女リタは、ウンブリア地方カーシアの郊外ロッカポレーナに生まれた。リタは幼いころから信仰に篤く、カーシアにある聖アウグスティノ隠修士会の修道院に入ることを夢みていた。しかし両親の薦めでやむなく結婚。夫はときに暴力も振るい、リタの結婚生活は苦難の連続だった。その夫もリタに感化され温和な性格となったが、政争に巻き込まれて殺される。犯人を見つけたリタは、彼を許し、彼のために祈る。そしてその後、改めて修道会への入会を希望、寡婦は受け入れないと一旦は拒否されたが、三人の守護聖人の不思議な執り成しによって修道女となった。貧者や病人を助け、家庭不和の夫婦には自らの経験を

聖リタ教会前を聖女像を載せた御輿が通ると、沿道の群衆から赤い薔薇の花が次々と献花される

語り仲裁役を務めるなどしていたある日のこと、リタが十字架のイエス像の前で祈っていると、茨の冠から一本の棘が飛んできて額に刺さり、リタはこのあと、死ぬまで額から血を流し続けた。一四五七年に帰天した際には、額の傷もほぼ治癒し、そこから芳香が漂っていたという。

聖リタの記念日、五月二十二日の祝祭事は二日前から始まる。一日目にカーシアの平和講堂で国際リタ賞の発表と授与式が行われ、犯罪を起こした人たちを許した女性たち、リタのように夫を更生させた女性たちなどが表彰される。前夜にはカーシアの聖リタ教会でヴェスパー（晩禱）がある。教会前広場と大通りに蠟燭を手にした人々が集まり、神秘的な光が揺れるなか、信者たちの祈禱行進がある。

聖女リタの生地ロッカポレーナは、カーシアから約六キロメートルほど山奥に入った村。記念日の当日にはここの聖堂で早朝七時にミサがあり、御輿に載せられた聖像が山道をカーシアの聖リタ教会を目指して運ばれる。そして沿道を、聖リタのシンボルである赤い薔薇の花を持った人々が埋め尽くす。

教会左袖廊にある聖リタの墓廟と、そのガラス張りの棺に眠る聖女
聖遺物（頭部）が、聖女自身の修道服を着せられて顕示されている

2016 年の大地震で崩壊した後
約 1 年で再建されたカーシアの聖リタ教会

パリの歓楽街にある聖リタ礼拝堂

教会前の広場には特設ステージが設けられ、カーシアの市長、警察、消防など代表たちと共に、フランスのパリの九区の区長や聖リタ会の代表たちも参列して荘厳なセレモニーが行われる。パリの九区のピガール地区はバーやナイトクラブなどが多い夜の歓楽街。悲運な境遇の女性たちが多いことから、彼女たちの悩みを聞く救済施設、聖リタ礼拝堂があり、カーシアと姉妹都市となっている。昼からの特別ミサでは、教会に入る信者たちが赤い薔薇の花を聖像にささげ、聖像は見る見る赤い薔薇で覆い尽くされる。

　カーシアは山の上に築かれた小さな町だが、その歴史は古く、古代ローマ時代に起源を遡る。この地方は太古の昔から地震が多く、二〇一六年の夏の大地震では、聖リタ教会も崩壊した。私がカーシアを訪問したのは大地震後まだ一年もたっていない時期だったが、教会の改築はほぼ終わっていた。二〇一二年、イタリアの海岸線で座礁した豪華客船の親会社が、犠牲者を最小限に抑えられたのは聖リタの加護によるものと、感謝を込めて寄付した義捐金で改築費用が賄われたという。

ロッカポレーナ、聖リタ聖所の礼拝堂後陣上部のモザイク画

■聖リタ（カーシアの）

Rita（伊羅仏）

一三三七―一四四七

祝日＝五月二十二日【任意の記念日】

カーシアの守護聖人

絶望的な状況にある人、結婚生活に問題を抱える女性、不幸な境遇にある女性の守護聖人

図像＝茨の棘、磔刑像、薔薇、イチジクとともに

▼没後その遺体は腐敗せずに芳香を放つなどさまざまな奇蹟をもたらしたと伝えられ、今なお聖リタ教会の墓廟に顕示されている。一九〇〇年列聖。

▼カーシア *Cascia* はウンブリア州ペルージャ県の小邑。ローマから北東へ約一三五キロ、人口三一〇〇人ほどで、聖リタ教会はアウグスティノ隠修士会に属する。プロセッションが出発するロッカポレーナ *Roccaporena* はカーシアの西六キロほどのところで、やはり同修道会の修道院などがある。

公式サイト＝ https://santaritadacascia.org

▼死の直前、聖女が実家の庭の薔薇といちじくを所望したところ、厳寒であったにもかかわらず庭に薔薇の花が咲き、イチジクの実が実がなっていたことから、聖リタの祭事に薔薇とイチジクが奉納されるようになったという。

夏

AESTAS

St. Vitus

St. Bernardus

St. Johannes Baptista

St. Petrus

St. Paulus

St. Firminus

St. Kilianus

St. Maria Magdalena

St. Anna et St. Joachim

St. Clara

St. Bernardus

St. Ludovicus

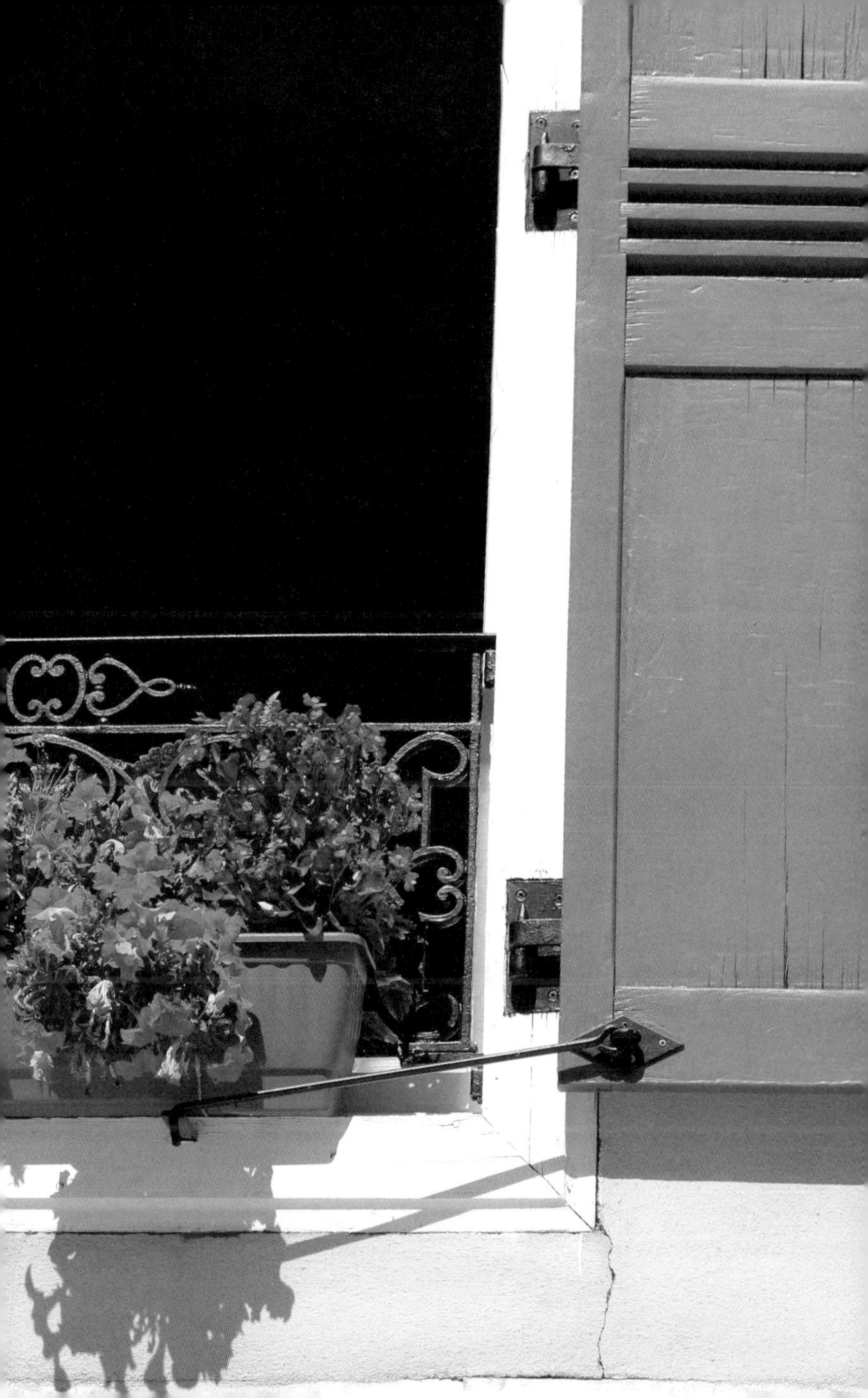

6/15

聖ヴィート

サン・ヴィート・ロ・カーポ（シチリア島／イタリア）

真夏の夕陽が落ちるころ、聖ヴィートを載せた小舟が
白い砂浜の海岸に到着する。

少年ヴィートと義母、義父一行は上陸後、夜のミサがある聖ウィトゥス教会へ

シチリア島の西端近くに位置する州都パレルモから、さらに西へ三〇キロメートルほど行くと、イタリアでも知る人ぞ知る、自然と澄んだ海水が美しい海浜リゾート、サン・ヴィート・ロ・カーポがある。町の名前は「聖ヴィートの岬」を意味する。青い海に面してそそり立つ断崖絶壁の岬の砂浜に四世紀初頭、少年ヴィートがキリスト教徒迫害を逃れ辿りついた。

伝承によれば、ヴィート（ラテン名ウィトゥス）は紀元二八六年にシチリア島西部のマザラで、異教徒の貴族を父に、キリスト教徒の貴婦人を母として生まれた。母が産後すぐに亡くなり、聖人は敬虔なキリスト教の婦人クレシェンツィア（クレスケンティア）に育てられ、その夫で信仰の篤いキリスト教徒のモデスト（モデストゥス）から教育を受けた。父は色々な手段を使ってヴィートにキリスト教の棄教を迫ったが難しかった。やがて聖人は生まれ故郷マザラから南イタリアのルカニアに逃れたが、ローマ帝国の役人に捕らえられ、ローマに送られた。この地では、ライオンが放された競技場に投げ込まれたがライオンはヴィートを優しく舐めるばかりであった、油

聖ヴィート教会内部――地下墓所への階段が入口にあるため信者席は左袖廊に、後陣に礼拝堂と祭壇が

の沸騰した釜に投げ込まれても火傷もしなかった、など数々の奇蹟が伝えられている。聖人はまた皇帝の周囲の癲癇《てんかん》患者、コレラ患者を治癒したが、皇帝が要求するローマの神への生贄を拒否したために斬首の刑に処された。

聖ヴィートへの崇敬は、八世紀頃から中欧へと飛び火した。聖遺物が移葬されたのをきっかけに、南ドイツ、チェコなどで篤く崇敬されるようになったのである。アルプス以北の国々では中世後期以降「十四救難聖人」が人気を博すが、聖ヴィートはその一人にも選ばれ、コレラ、癲癇などの守護聖人とされたことから、病気の治癒を執り成す聖人として篤い崇敬を集めた。また中世にはこの聖人の祭事に教会の聖人像の前で踊る風習があり、十四〜十五世紀には、精神の異常から踊り狂う舞踏病を、ドイツ語圏では「聖ヴィートの舞踏」(Veitstanz)とも呼ぶようになった。

シチリア島の海開きの季節、六月初旬に、サン・ヴィート・ロ・カーポで聖ヴィート祭が開催される。聖人の記念日、六月十五日までの一週間、聖人に献堂した聖ヴィート教会で毎夜、特別ミサと動物への祝別が行われ、教会前の広場ではスポーツ大会、伝統ゲーム、音楽会が

シチリアの他の多くの祭事と同様に、真夏の昼の熱暑を避けてプロセッションは夜間に行われる

教会内の聖ヴィート礼拝堂――中央に聖ヴィート像が顕示されている

夜のミサが終わると、花火を合図にプロセッションがはじまり、祭は最高潮を迎える
城壁を思わせるような屈強な教会は海賊から巡礼者たちを守るために16世紀に築かれた

教会正面と、礼拝堂真下にある聖遺物を祀る地下聖廟

祭のはじまりを知らせるの太鼓隊

催される。記念日の当日には、朝早くから二人組の太鼓隊が町中を回り祝日を知らせて歩く。特別ミサが始まる半時間前から、若者たちのブラスバンド演奏が始まり、十一時から聖ヴィート教会で市長も参加する特別ミサが執り行われる。

　夏の遅い夕闇が迫る二十時頃には、聖ヴィート祭のメインイヴェント、聖人の海岸への上陸を再現した歴史絵巻が繰り広げられる。海上で花火が打ち上げられ、十数隻の船に護衛された小舟が聖人に扮する少年を載せ、海上から浜辺を目指して近づいてくる。大勢の信者、観衆に見守られるなか、聖人と養母クレシェンツィア、師モデストからなる一行は無事上陸し、その後はブラスバンドに導かれ海外線を通って聖ヴィート教会までパレードする。教会で宵の特別ミサの後、司祭を先頭に聖ヴィートの聖像を御輿に載せてプロセッションが始まる。シチリアの祝祭事を彩るイルミネーションで飾られた市内を、住民全員参加、さらに近隣の信者も加わり千人以上のプロセッションが深夜遅くまで続く。

1500年頃、アムステルダム国立美術館蔵

聖ヴィート（ウィトゥス）

Vito, Guido（伊）Vitus（羅英）Gui, Guy（仏）Veit（独）Vít（チェコ語）

三〇三年頃没

祝日＝六月十五日

チェコ、プラハの守護聖人

ダンサー、俳優、喜劇役者、鍋作り職人、ビール醸造業者の守護聖人

執り成し＝癲癇《てんかん》、コレラ、病気全般

図像＝ライオン、雄鶏、三脚の釜などとともに

▼中世にはイタリアのみならず、ドイツ、フランス、チェコ、さらには他のスラブ語圏でも広く崇敬を集め、十四救難聖人の一人ともなった。仏語でギー、ドイツ語でファイト、チェコ語でヴィートと、さまざまな呼称で親しまれている。

▼プラハの聖ヴィート大聖堂には聖人の「腕」が聖遺物として伝えられ、顕示されている。

▼サン・ヴィート・ロ・カーポ San Vito Lo Capo は、シチリア島北西端に近いリゾート地。パレルモの西約三十キロ、人口四千八百人ほど。

参考サイト＝https://www.sanvitoweb.com/festa-sanvito.php

▼聖人の聖地マザラ Mazara del Vallo はイタリアでも屈指の漁船団の基地。こちらでは八月十五日から約二週間、聖ヴィート祭が開催される。

6
15

マントンの聖ベルナール

グラン・サン・ベルナール峠（スイス イタリア）

古代ローマ時代からヨーロッパの南北を結ぶ要所であった
グラン・サン・ベルナール峠に立つマントンの聖ベルナール像
記念日の6月中旬でも雪がまだ残っている

標高2473メートルの峠には夏でも雪が降り、ほぼ一年中雪がある
右手奥に見える建物が聖人ゆかりの救護所

十九世紀初頭にバリーという名の山岳救助犬が、スイスとイタリアの国境となっているグラン（大）・サン・ベルナール峠の修道院で飼われていた。雪崩などのアルプスの山岳事故から四十名以上の命を救った伝説の救助犬だ。雪の中に深く埋まった人間の匂いを嗅ぎ、超低周波音を聞いて雪崩や豪雪風を予測できた。バリーと同種の犬は、十九世紀初頭に病気などで絶滅の危機に陥ったが、カナダの海難救助犬ニューファンドランド犬と交配させ、かろうじて存続することができたという。この犬種はバリーが飼われていた修道院の名前にちなんで十九世紀後半にサン・ベルナール犬と命名された。日本では「セント・バーナード犬」という英語風の呼称でおなじみだが、語源的にベルナールは「熊の力」を意味しており、雪崩の中から幼児を背負って救い出すバリーは、まさしく名に恥じぬ活躍をしていたということになる。

峠に名を残した聖人についても一言。ベルナールといえば、シトー会の礎を築いた「密の流れる博士」クレルヴォーのベルナール（一一五三年没、本書でも「8月20日」の祭事を紹介している）がとりわけ有名だが、ここのベルナールはそれより一世紀ほど前の人で、スイスからフランス側に国境を越えたアヌシー湖畔の町、マントンの生まれである。パリで哲学と法学

峠にはセント・バーナード犬グッズの土産を売る売店も
マルティニーの博物館と同様、伝説の救護犬の名を冠してこの一帯で活動するバリー財団の運営

を学んだが、父が選んだ貴族の娘との結婚を拒み、イタリア側のアオスタに逃れた。謙虚で徳の誉れ高いベルナールは、この地で優れた説教者として活躍し、貧者やアルプス越えをする巡礼者たちの面倒もみていた。

十一世紀半ば、ベルナールはグラン・サン・ベルナール峠を越える巡礼者たちのための救護所を築いた。峠はローマ帝国時代からの難所で、多くの人たちが雪崩や豪雪風で命を落としていたからである。救護所に隣接する修道院では十七世紀頃に、アルプス山脈の酪農家が飼うような大型犬を必ず一匹飼育するようになり、この犬たちは以来、峠で二千五百以上の山岳遭難者を救助したという。

グラン・サン・ベルナールのスイス側の山麓の町マルティニーには二〇〇四年、セント・バーナード犬の博物館が開館した。救助犬の歴史などを紹介すると共に、セイント・バーナードの成犬二十頭子犬約十頭ほどが常に飼育され公開されている。

マルティニーからアルプス山麓の傾斜は突然、急勾配となる。ここからマントンの聖ベルナールの記念日（六月十五日）に特別ミサがあるトリアン村までは、直線距離にすると五キロメートルしか離れていないが、標高一五二七メートルの峠

名峰モンブランに連なる二つの氷河が見えるトリアン村の教会。土地の人は「氷河の聖母教会」と呼んでいる

神父は祭事・典礼の時だけ村を訪れ、従者は村の娘たちが務める
ミサの後は貴重なスイス・ワインとチーズで信者たちの交流会が

峠の麓、マルティニーにあるバリーランド（セント・バーナード犬の博物館）にて。犬たちは一時間に一度お立ち台に登場

バリーランドの入口と展示の様子
飼育されている犬たちは一日一回、調教師が数匹ずつ山麓まで散歩に連れてゆき運動不足を補う

聖人の生地、アヌシー湖畔のマントンと、聖人に献堂された当地の聖ベルナール教会

を越えなければならない。断崖絶壁の急な斜面を車で上るにも急勾配と度々のS字カーブで運転も冷や汗ものだ。カーブのたびに目に入る急勾配の斜面には、意外にも一面、ワイン用のブドウが栽培されている。

峠を越えると、アルプス山脈を背景に教会を中心に数軒の家々が集まる山村トリアンが眼下に見える。この地域には十九世紀末まで教会がなく、冠婚葬祭の折にも峠を越えてマルティニーまで出向かなければならなかった。冬などは命がけで救助隊を帯同、山岳救助犬たちは生活に欠かせぬ存在だった。

その山岳救助犬の守護聖人、マントンの聖ベルナールの記念日に、トリアンの聖堂では特別ミサが十時から行われる。特別ミサの後は、教会裏の広場で当地の山岳チーズをおつまみに、貴重なスイス・ワインを飲みながら、歓談のひとときなる。山岳地帯の数少ない教会なので、国境を越えてフランスからも信者が訪れる。特設レストランも作られ、夕刻まで年に一度の国境を越えた近隣者たちの交流の場となる。

峠に立ち旅人たちを見守る聖ベルナール像、1905年

■聖ベルナール（マントンの）

Bernard（仏英）Bernardus（羅）Bernardo（伊）

一〇二〇頃―一〇八一頃

祝日＝六月十五日

アルプス（の住人たち）の守護聖人

登山家、スキーヤー、バックパッカーの守護聖人

執り成し＝天候

図像＝鎖につながれた悪魔、稲妻

▼アオスタ大聖堂の助祭長。峠の救護所・修道院はアウグスティヌス修道参事会に属す。アオスタと峠の修道院を拠点に、旅人の救護と一帯の宣教に尽力した。聖人の像が悪魔を足下に踏みつけているのは、宣教により異教を駆逐したことを象徴。

▼グラン・サン・ベルナール峠（Col du Grand-Saint-Bernard，伊：Colle del Gran San Bernardo）はモンブランの東側約十五キロの地点でスイス・イタリア国境のアルプスを越える。

▼祭事のあるトリアン（Torient）、犬の博物館があるマルティニー（Martigny）はいずれもスイス側の麓。参考サイト（博物館）＝https://www.barryland.ch

▼聖人の生地マントン・サン・ベルナール（Menthon-Saint-Bernard）は直線距離で峠から六十キロほど西のアヌシー湖畔の町。十世紀の古城（聖人の生家でもある）が観光地として人気。

6/24

洗礼者聖ヨハネ

ローマ／フィレンツェ（イタリア）
アリカンテ（スペイン）

聖ヨハネの日のフィレンツェは古式サッカーの決勝戦で盛り上がる
聖十字架大聖堂前広場での、試合前のフラッグショー

祭日前夜のローマ、洗礼者聖ヨハネ大聖堂近くの市囲壁外で繰り広げられる炎の大道芸

聖人の記念日は、殉教の日や聖遺物の移葬日があてられていることが多いが、洗礼者聖ヨハネだけは、イエスや聖母マリアと並んで、その誕生日もまた祭日として祝うならわしとなっている。聖母マリアは農作物の収穫が始まる九月八日、イエスは太陽誕生の冬至の日、そしてイエスの先駆者とされる洗礼者聖ヨハネは、太陽が天頂に最も高く届く夏至の日に、その生誕を祝うのである。

洗礼者聖ヨハネは、ユダヤ教の司祭ザカリヤと母エリザベツの子として、イエス聖誕の半年ほど前に生まれた。母エリザベツは、聖母マリアの母アンナの妹マリアの娘で、聖母マリアの従姉妹にあたる。ヨハネ（主は恵まれる）と名付けられたその息子は、二十八歳頃から身なりも構わず、ラクダの毛皮を身に纏ってヨルダン川周辺の荒れ野で苦行し、ユダヤ人たちに悔い改めを勧め洗礼を授けていた。そしてイエスもまたヨルダン川に来て、ヨハネから洗礼を受けた。

イタリアでは、洗礼者聖ヨハネの祭日（六月二十四日）の前夜を「魔女の夜」と呼び、たとえばローマでは今なお、魔女にちなんださまざまなイヴェントが催されている。この祭日が魔女と結びつくのは一説に、舞のご褒美

ローマではほかにも「魔女の夜」にちなんださまざまなイヴェントが

にヨハネの首を所望したサロメとその母ヘロディアが魔女たちの首謀とされていたことによるという。古代ローマ時代以来、南イタリアのベネヴェントに魔女たちの集会所があり、大きなクルミの木を囲んで踊っては、クルミの実で魔法のエキスを作っていると信じられたが、この夜、魔女たちはイタリア各地からローマの洗礼者聖ヨハネ大聖堂の上空を目指して集まり、そこからさらにベネヴェントに飛んで行くのだという。

おそらくは夏至の民俗ともかかわってのことだろうが、この日にまつわる民間伝承や俗信は、イタリアに限っても枚挙に暇がないほどである。いわく、魔女の夜から聖人の日にかけての露の降り具合で農作物の豊作不作がわかる、溶かした鉛を水に入れ固まった形で将来が占える、カタツムリ（伸縮するツノが凶事を示唆）を食べて厄払いをする……などなど。

閑話休題。聖ヨハネ自身に話を戻すと、この聖人を守護聖人とする都市は数多いが、イタリアでいえば、ローマとフィレンツェがその代表格だろう。

ローマでは、ヴァチカンの四大バジリカの一つ、洗礼者聖ヨハネ大聖堂で、新司教の叙階式などの特別な祭儀

ローマ、洗礼者聖ヨハネ大聖堂での特別ミサ

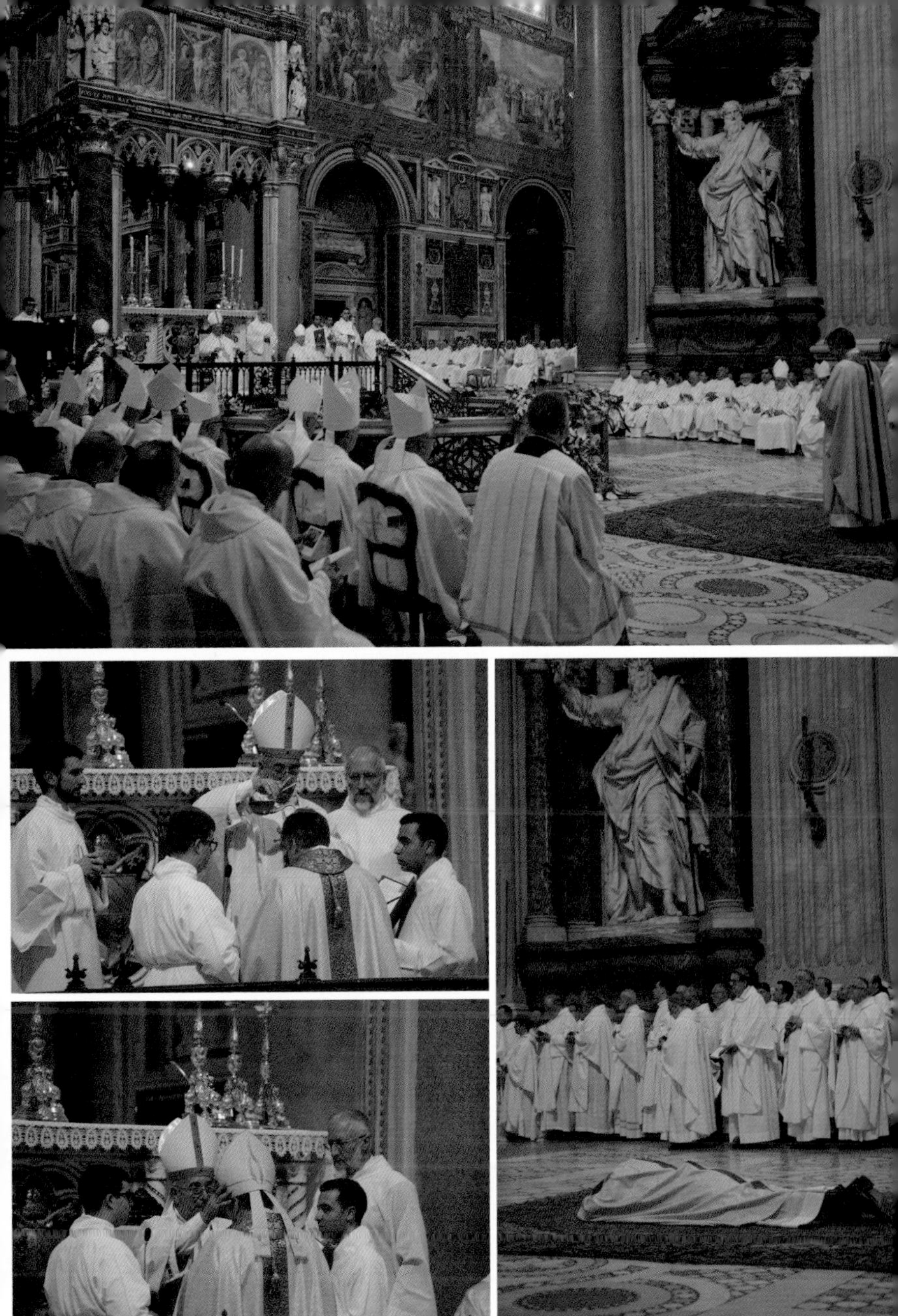

この日、ローマの洗礼者聖ヨハネ大聖堂では、ミサに続いて特別な典礼が挙行される
2018 年にはローマ大司教ジアンピエロ・パルミエーリの叙階式が執り行われた
受階者は諸聖人への連願に際し神の呼びかけに身を委ねるという意味で平伏（右下）

フィレンツェの臍ともいうべき地に、八角形の聖ヨハネ洗礼堂が立つ

が営まれる。この大聖堂は、かつてここにキリスト教を公認した四世紀の皇帝コンスタンティヌスのラテラノ宮殿があったことから、正式にはラテラノの聖ヨハネ（サン・ジョヴァンニ・イン・ラテラノ）大聖堂と呼ばれる。皇帝がローマ帝国の首都をローマからコンスタンティノープルに遷した際に、この宮殿を教皇に寄進した。今日のヴァチカン市国の起源となる教皇領の誕生だった。

一方のフィレンツェは、街の中心部に聖ヨハネ洗礼堂（花の聖母大聖堂、サンタ・マリア・デル・フィオーレ付属の礼拝堂）を擁し、祭日には、大聖堂への蠟燭の寄進行列、コンサート、花火大会などなど各種催しが盛大に繰り広げられる。しかし市民の多くにとってこの日のハイライトは、何といっても古式サッカーの決勝戦だろう。サッカーとラグビー、さらに格闘技が混在したようなこの競技は、起源を十六世紀に遡り、ボールを奪い合う際に、殴る蹴るはもちろん首絞めなども許される荒っぽいスポーツだ。マッチョなイタリア人の男たちが集団で走り回ると地響き立ち、砂煙がちこちから上がる。少々身体を鍛えているくらいでは間違っても参加する気になどならない迫力だが、クレメンス七世、ウルバヌス八世をはじめ

古式サッカーのルールは無いに等しい。頭部への攻撃こそ禁止だが、他は「何でもあり」だ

とする十七世紀の教皇たちは、選手としてプレーを楽しんでいたというから驚きだ。十八世紀初頭に一度中断したが、二百年後の一九三〇年にフィレンツェで復活、カルチョ・フィオレンティーノとも呼ばれるようになった。六月初旬から市内の四チームによる予選リーグが始まり、洗礼者聖ヨハネの祭日に、聖十字架（サンタ・クローチェ）聖堂前の広場で決勝戦が開催される。

ところ変わってスペインでも、聖ヨハネの祭日は盛大に祝われる。聖人はこの地ではサン・ファン・バウティスタと呼ばれ、祭事は夜祭りや火祭りを伴うことが多いが、地中海に面した大都市アリカンテ（バレンシア州）の火祭りはとりわけ有名である。今日のような大がかりな祭事となったのは一九二八年からというが、まず五月初旬に民族衣装を着て祭りに参加する「火の美女」が各地区で選ばれ、準備期間中の各種セレモニーに参加する。六月十九日から二十四日の聖ヨハネの日までは、毎日午後二時にアリカンテの中心地、ルセロス広場でマスクレタスと呼ばれる爆竹が打ち上げられる。鼓膜が破れるのではと思うほどの爆音、轟音の中、民族衣装で着飾った「火の美女」たちも参列する華やかなセレモニーだ。旧

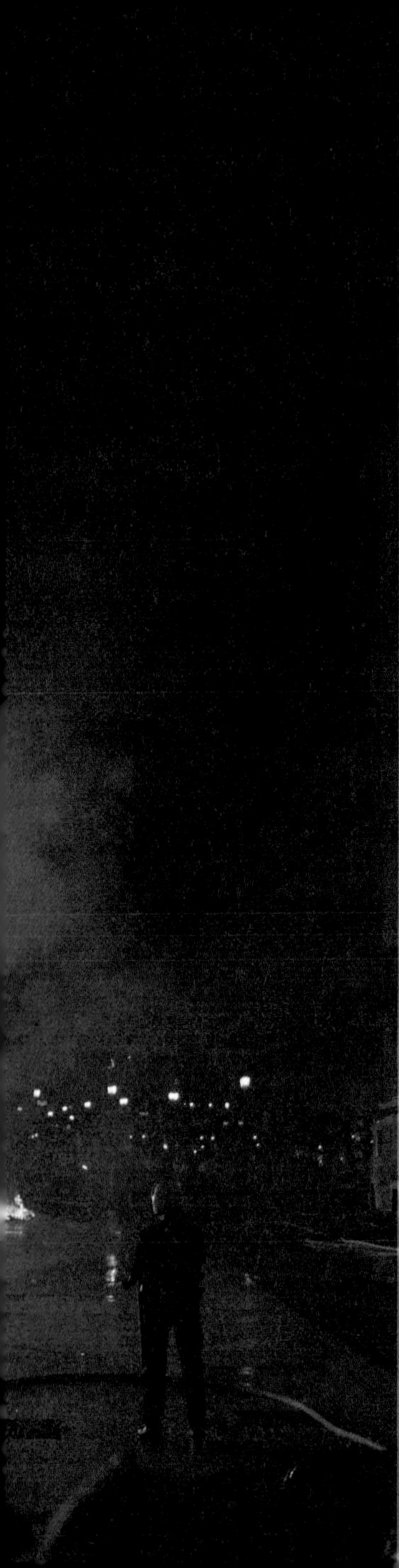

民族衣装を着飾った「火の美女」たちのパレード

アリカンテのサン・フアン祭
火遊びが大好きなスペイン人は聖ヨハネの日にも
巨大な人形（オゲラス）を燃やす

この日、アリカンテ旧市街の聖ニコラス教会の外壁は花々で飾られ、祭壇には聖ヨハネ像が飾られる
午後には市役所前の広場で、カスタネットを手にした民族舞踏団が躍る（右下）

市街の中心地、聖母マリア教会広場では夕方までローカルな民族舞踏団の舞踏会が開かれれ、夕刻からは「火の美女」たちの山車が先導する世界の民族衣装のパレードがある。

見物客たちはこれを見送ると、特設された「バラカ」と呼ばれる仮設レストランへ向かい、ワインを飲みながらご当地の米料理パエリャや地産の肉料理で大宴会。遅い夕食が終わる頃、花火が打ち上げられ、深夜零時に街の広場や大通りに作られていた巨大な人形群「オゲラス」が焚火代わりに燃やされる。火炎が五階、六階建ての建物より高くまで上り、消防士たちは近隣の建物への延焼防止に追われる。放水は見物客にも容赦なくかかるが、人々はこれをバーニャと呼び、洗礼の水に見立てて歓声、奇声をあげながら浴びる。早朝まで人波は絶えず、真夏の到来を夜通し祝っているかのよう。

イエスとヨハネは、生誕が冬至と夏至ならば、受胎告知も聖母マリアへは春分の日近い三月二十五日、ヨハネの母エリザベツは秋分の日近い九月二十三日と、各々の祝祭日が太陽の運行の節目に設定されている。

ヴェロッキオ画（「キリストの洗礼」部分）、1475年頃、ウフィツィ美術館蔵

■洗礼者聖ヨハネ

Giovanni Battista（伊）Johannes Baptista（羅）Juan Bautista（西）Jean-Baptiste（仏）John the Baptist（英）Johannes der Täufer（独）

一世紀頃

祝日＝六月二十四日【祭日】（生誕の日）
　　八月二十九日【記念日】（殉教の日）

フィレンツェ、トリノ、ジェノヴァの守護聖人

カルメル会、ヨハネ騎士修道会、織工、仕立屋、毛皮職人の守護聖人

▼イタリアではフィレンツェの他にトリノ、ジェノヴァでも公休日となり、花火大会が催される。

▼フィレンツェの古式サッカー（Calcio Storico Fiorentino）については左記を参照。

参考サイト＝http://www.calciostoricofiorentino.it

▼アリカンテ Alicante はバレンシア州第二の都市（人口約四五万人）。バレンシアから南西へ約一二五キロ。

▼この日は伝統的に夏至を祝う祭りの日、あるいは農事暦等での節季日にもあたっており、各地で無数の祭事や祝祭が営まれる。やはり火祭り（「聖ヨハネの火」）が多く、フランス南西部、ピレネー山麓のバニェール・ド・ルション（世界遺産登録）のものなどがとりわけ有名だろう。

6/29

聖ペトロ

コート・ダジュール（フランス）

右手に網と鍵、左手には「信仰の遺産」たる聖書を持った聖ペトロ像が
漁師たちに担がれサント・マクシムの船着き場に向かう

18世紀半ばに建立された聖マクシム教会。祭日の前夜の晩禱の後、船着き場に向けプロセッションが始まる

フランス南部、地中海に面したコート・ダジュールは、世界のセレブたちの海浜リゾートとして知られるが、軍港トゥーロンから仏伊の国境の町マントンまでの約一五〇キロメートルの海岸線には、漁港を起源とする町や村が続く。最大の都市ニース、小さな王国モナコ、超セレブ達のリゾートとしてしられるサン・トロペもまた小さな漁師村に起源を遡る。

聖ペトロと聖パウロの祭日、六月二十九日の前後に、聖ペトロを守護聖人としているコート・ダジュールの漁村ではそれぞれ祝祭事が催される。祭事の日時は、祭日に合わせたり、その週末であったり、その前夜であったりと、フランス人らしく勝手気ままな設定だ。

聖ペトロは、イスラエル北部ガレリア湖に近いベトサイダで漁師の息子として生まれ、シモンと命名されたが、汝の岩(ペトルス)の上に教会を立てん、というイエスの言葉を受けて、ペトロと名乗るようになった。ゲッセマネの嘆き、最後の晩餐などなど数々のイエスの重要な公生涯の生き証人であり、師の没後はアンティオキア、その後ローマに行き、計三十三年間初代教会の司教を務めた。最後は皇帝ネロの残忍極まる迫害の犠牲となって、ローマのヴァチカンの丘で殉教したが、この地には墓が築かれ、後世、その上にイエスの預言

サント・マクシムの漁師たちによる、豊漁祈願の海上渡御――聖ペトロ像を載せ湾内を巡行

通り聖ペトロ（サン・ピエトロ）大聖堂が建立された。殉教の記念日であるこの六月二十九日には、いうまでもなくヴァチカンでも、特別ミサが盛大に捧げられる。

コート・ダジュールに話を戻すと、八世紀の修道女ゆかりの町サント・マクシムでは祭日の前日、夕べに教区教会で特別ミサがあり、その後、聖ペトロの聖像が御輿に担がれ、港まで運ばれ遊覧船に載せられてサン・トロペ湾を一周する。湾を挟んだ対岸の町、サン・トロペでは、同じく夜二十一時から特別ミサが始まる。その後、船乗り、海運関係者たちが松明を掲げて御輿に担がれた聖像を先導し、旧市街の狭い小路を行進する。この町の名もやはり聖トロペオ、イタリアは斜塔で有名なピサで生まれ育った十世紀の聖人に由来する。

しかしこの近辺の聖ペトロ祭で最も盛大で興味深いのは、巨匠ピカソが晩年を過ごしたアンティーブの祭事だろう。前夜祭もあり、海に突き出た要塞に魚のスープを食させるレストランが特設される。当日は聖ペトロ聖堂で早朝八時に特別ミサがあり、九時から漁師たちに担がれた聖ペトロの聖像が要塞に築かれた特設の祭壇まで運ばれる。

漁師たちの守護聖人への特別ミサを挙げてから、再度旧市街を行進する。漁師たちは、白地に青いストライプのフラン

アンティーブの聖ペトロ像は漁師の守護聖人らしく願かけの奉納品、魚やヒトデなどを首から掛けて行進

サン・トロペでは21時からのミサの後、真夏の遅い落陽が始まる22時頃から、聖ペトロ像を担いで松明行列がある

ンティーブの聖ペトロ像。早朝のミサの後、楽隊に先導されて港に向かう

LA LYRE D'ARGILE
VALLAURIS
GOLFE JUAN

アンティーブでの祭事の風景——教会での早朝の特別ミサの後に聖像を担いで出発（右）、豪華ヨットが停泊する海岸（左上）を経て旧市街に向かい、殉教者広場では少女が聖ペトロに賛辞を捧げる

スらしい粋な船乗りのシャツに白のパンタロン。ベルト代わりに網で腰を縛り、何と裸足で町中約二キロメートルほど行進するのだ。旧市街の中心地レジスタンスの殉教者広場で小休憩。その間、広場に面した魚料理専門店の前で聖ペトロへの賛辞が子供の代表によって朗読される。

　アンティーブは今なお漁港としても活気があり、岸壁には毎朝、魚の屋台も立つ。このあたりの地魚にサン・ピエールと聖人の名で呼ばれるものがあり（ニシマトウダイ、胴体中央の黒色斑がペトロの足跡を思わせるとか）、旬は三月末から五月の下旬ころまでだという。ホテル近くのレストランで尋ねてみると、季節外れの魚だがグリルならできる、との返事。惑うことなく注文し食してみたところ、弾力性があり歯ごたえも十分、実に美味しい白身魚だった。ただ翌日、何故か下痢と高熱を発し、週末のニースの聖ペトロ祭の取材を断念せざるを得なかった。聖人の日に同名の魚を食する天罰覿面と反省しきり。

ピエトロ・アラマンノ画、15世紀末
ローマ、バルベリーニ美術館所蔵

■聖ペトロ（使徒）

Pierre（仏）Petrus（羅）Pietro（伊）Pedro（西）Peter（独英）

六七年頃没

祝日＝六月二十九日【祭日】（聖パウロとともに）
二月二十二日【祝日】（聖ペトロ使徒座の祝日）

ローマの守護聖人

教皇、漁師、魚屋、網作り職人、船乗り、石工、煉瓦工、錠前師、鍛冶屋の守護聖人

図像＝鍵、雄鶏、魚、網、船、教皇冠とともに

▼キリストから「天の国の鍵」を授けられた「ローマ教皇の祖」として崇められる一方、その出自から漁師の守護聖人としても人気で、関連の祭事も多い。

▼サント・マクシム（Sainte-Maxime）はトゥーロンとニースのちょうど中間あたり。サン・トロペ（Saint-Tropez）は湾をはさんで西側、逆にアンティーブ（Antibes）は少し東寄り、ニースに向かう中間点くらいの見当になる。

▼アンティーブの港で祭の日に供されるスープは、魚をグタグタに煮込んだ濃厚な「魚のポタージュ・スープ」。見栄えは悪いが、食してみると魚の風味が濃厚で、香りが強くミネラル分の多い南仏の白ワインやロゼ・ワインと相性抜群。

6/29

聖パウロ

パラッツォーロ・アクレイデ（シチリア島／イタリア）

号砲と同時に紙吹雪が舞い散り、地響きのような大歓声が
沸き上がるなか、聖パウロ像の御輿のパレードが始まる

聖パウロ像の御開帳とともに、ヴィーヴァ・サン・パオロ、ヴィーヴァ・パトロン・サントの大合唱

　イタリア半島の南端に接するシチリア島は、東地中海文明、ギリシア文明のヨーロッパ大陸へ伝搬の中継地点となった島だ。大ギリシア《マグナ・グラエキア》時代には、ギリシア本土、エーゲ海の諸島から多くのギリシア人がシチリア島に渡来し、植民地を造り、ギリシア風の神殿や劇場などを築いた。地中海東部で発生したキリスト教もまた、ギリシアを経由してシチリア、そしてイタリア本土へと伝わっていった。

　イタリア本土へのキリスト教布教に大きな役割を果たしたのが聖パウロであった。パウロは小アジアのタルソスに生まれたユダヤ人で、ローマ帝国の市民権をもっていた。厳格なユダヤ教信奉者で、はじめパレスチナでキリスト教徒を迫害していたが、ダマスカス近くで天からの光とともに迫害を戒めるイエスの声を聞き、「回心」してキリスト教徒となった。

　イエスの直接の十二使徒ではないが、ギリシア語を話せたために、アナトリア半島、ギリシア本土などで福音を述べ使徒として宣教した。もともとパレスチナの地方宗教でしかなかったキリスト教がパウロによってギリシア語で伝えられたことは、キリスト教が世界宗教にな

聖パウロ祭前夜、ライトアップで雰囲気が盛り上がるなか、深夜になってもどんどん人が増えてくる

るためには大きな意味を持つ。パウロは、エルサレムで捕縛され、ローマの市民権を持っていたことからローマで裁かれることになり、ギリシアを経由して船でイタリアへと送られた。ギリシアを出た頃から海は荒れ、パウロの乗った船は難破してシチリア島の南のマルタ島へ流れ着いた。パウロはマルタ島で半年近くを過ごした後、シチリアのシラクーザに三日間滞在、その後ローマまで連行され、紀元後六〇年代後半にローマで斬首刑で処された。

シラクーザ滞在中、パウロは周辺のキリスト教徒を励まし、信者たちを大いに元気づけた。シラクーザから北東へ四十キロメートルほどの地に、その起源を古代ローマ時代に遡るパラッツォーロ・アクレイデの町がある。この一帯は、近くに滞在していた聖パウロへの崇敬がことのほか篤く、中世には聖パウロ信心兄弟会も出来たほどだった。その後も疫病が流行すると神に執り成して鎮めるなどして絶大なる人気を誇ったため、十七世紀末には時の司教が、パウロをパラッツォーロ・アクレイデの町の守護聖人に名指しした。

以来この地では、聖人の祭日、六月二十九日には盛大

上：教会からの出発間際は、御輿に乗る人も担ぎ手も歓天喜地に酔いしれる
下：麦の穂を添えて奉納されるパン。なかには聖パウロが蛇（異教）退治をしたことから蛇柄のものも

パレードの最中、各所で赤子を連れた親子が聖パウロの御輿の到来を待ってい
御礼は50〜100ユーロが相場と

早朝奉納されたパンは、昼に教会で販売され教会の献金に

な祭事をもって祝われる。まず前日の二十八日、聖パウロ大聖堂でセレモニーが行われる。いつもは大聖堂の祭壇の上でカーテンで覆われ秘匿されている聖パウロ像が、大観衆の歓呼の声に迎えられつつ御開帳される。〝ヴィーヴァ・サン・パウロ (Viva San Paolo)〟、〝ヴィーヴァ・パトロン・サント (Viva Patron Santo)〟の掛け声は堂内に怒濤のように響き渡り、その興奮ぶりは筆紙に尽くしがたい。

翌日、記念日当日には、朝から小さな荷車が町中を駆け巡り、聖パウロへの奉納する感謝のパンが集められる。パン屋はもちろん、市民手作りの大型のパンが、台車に十台近く献納される。これらのパンは後に教会で販売され、教会の維持費となる。暖かいシチリアでは、聖パウロ回心の祝日、一月二十五日頃に麦の種撒きが始まり、ちょうどこの前後に収穫期を迎えることから、これを聖パウロに奉納して麦の豊穣に感謝の意をあらわすわけである。

十一時頃、今度は教会の前に、牛、豚、ロバなどを飼い主が連れて来て、司教より祝別を受ける。動物が伝染病にかからず、家畜として十分に働いてくれるための祈

近隣の村からも多くの家畜が無病祈願のために集まり、教会前で祝別を受ける
右下は自分の洗礼名の聖人のメダイをプレゼントするパオロさん。3日間で1万個を配る。

SAT

聖遺物（聖骨）を載せたヴァラ（御輿）にも大群衆がおし寄せ
ヴァラに触れながら一心に祈る

シチリアの夏祭りらしくライトアップされた中心街のウンベルト広場

願だ。
昼過ぎ、大聖堂前の広場が立錐の余地がないほど人々で埋まったころ、祭りの最大のイヴェントである聖パウロ像のパレードの始まる。大聖堂の塔の頂きから天使の人形が二体舞い降りると、号砲が鳴り響き、大聖堂周辺から空に向かって紙吹雪が飛び散る。大量の紙吹雪や紙テープで一瞬あたりが真っ暗になり、やっと視界が開けかかった頃合に、大歓声の中、聖パウロ像の御輿が大聖堂から現れてパレードが始まる。人口六千人ほどの小さな町だが、この日のパレードのために、近隣の村々から約三万人の訪問者があるという。この地方の伝承で、パレードで聖パウロの御輿に赤子を載せてもらうと一生無病息災といわれており、沿道には赤子を抱く人たちが随所で御輿を待ちわびていたる。町内を一巡した山車は、救世主教会に戻ったのち、夜八時から再度プロセッションが行われる。その後は、大聖堂近くの広場に聖パウロの像を安置し、二十三時ころからポップ・コンサート、クラシック・コンサートが始まる。シチリアの真夏の宵のイヴェントは明けの星が昇る頃まで、いっこうに終わる気配がなかった。

ヴェネツィア、アカデミア美術館蔵

■聖パウロ（使徒）

Paolo（伊）Paulus（羅独）Paul（仏英）Pabro（西）

六七年頃没

祝日＝六月二十九日【祭日】（聖ペトロとともに）
　一月二十五日【祝日】（聖パウロの回心）

ローマの守護聖人

神学者、伝道者、騎士、織工の守護聖人

図像＝書物・巻物・剣・蛇とともに

▼殉教地はローマのトレ・フォンターネ。斬首されたあと聖人の首が三回転がり、触れた三つの地点から奇蹟的に泉が湧いたという。聖遺物はやはりローマのサン・パオロ・フオリ・レ・ムーラ大聖堂、サン・ジョヴァンニ・イン・ラテラノ大聖堂などに。

▼パラッツォーロ・アクレイデ（Palazzolo Acreide）は、シラクーザの西、二十キロほどのところにある山あいの町。人口約八千五百人。

公式サイト＝http://www.sanpaolopalazzolo.it

▼この日、ヴァチカンでは朝の特別ミサに始まり、カヌー競技や花火大会などさまざまな祭事が催され、サン・パオロ・フオリ・レ・ムーラでもヴァチカン枢機卿の司式する特別ミサがある。ほかに殉教地に近い郊外のエウルEurでも、夕刻から聖ペトロと聖パウロ教会でミサ、続いて祭事あり。

7/7

聖フェルミン

パンプローナ（スペイン）

「牛追い祭」の異名通り、祭事の期間中は毎朝8時から
繁華街から闘牛場まで牛追いレースが開催される

レース参加者の持ち物は牛を囃し立てる新聞紙のみ。牛を叩いては大のオトコたちが逃げ走る

スペインの祭りは世間一般に知られている名前と正式名が異なることが時折ある。バレンシアの火祭りは聖ヨセフ祭、七月上旬にスペイン北部、ナバラ州の州都パンプローナで開催される牛追い祭りも、聖フェルミン祭の呼称が正式である。フランス北部のアミアンで殉教、同地に埋葬されていた聖フェルミンの聖遺物が十二世紀末にパンプローナに移葬され、それを機に祭りが始まった。当初は聖人の記念日（九月二十五日）と十月初旬の収穫祭にあわせて催行されていたが、秋は天候不順なども多く、一五九一年からは聖遺物が移された七月初旬に移動して現在に至っている。

　言い伝えによると、フェルミンは三世紀後半、ローマ帝国の政治家フィルムスの息子としてパンプローナに生まれた。司祭となるために南フランスのトゥールーズに留学、この地で聖サトゥルヌス（セルナン）とその弟子聖オネストゥスの薫陶を受けた。その後、パンプローナの最初の司教となると、フランスのボルドー周辺、ロワール、アミアンなどで福音を説いて歩いた。この間、盲人の目を見えるようにし、ハンセン病患者を癒し、身体の麻痺を治すなど、多くの奇蹟が伝えられている。しかし

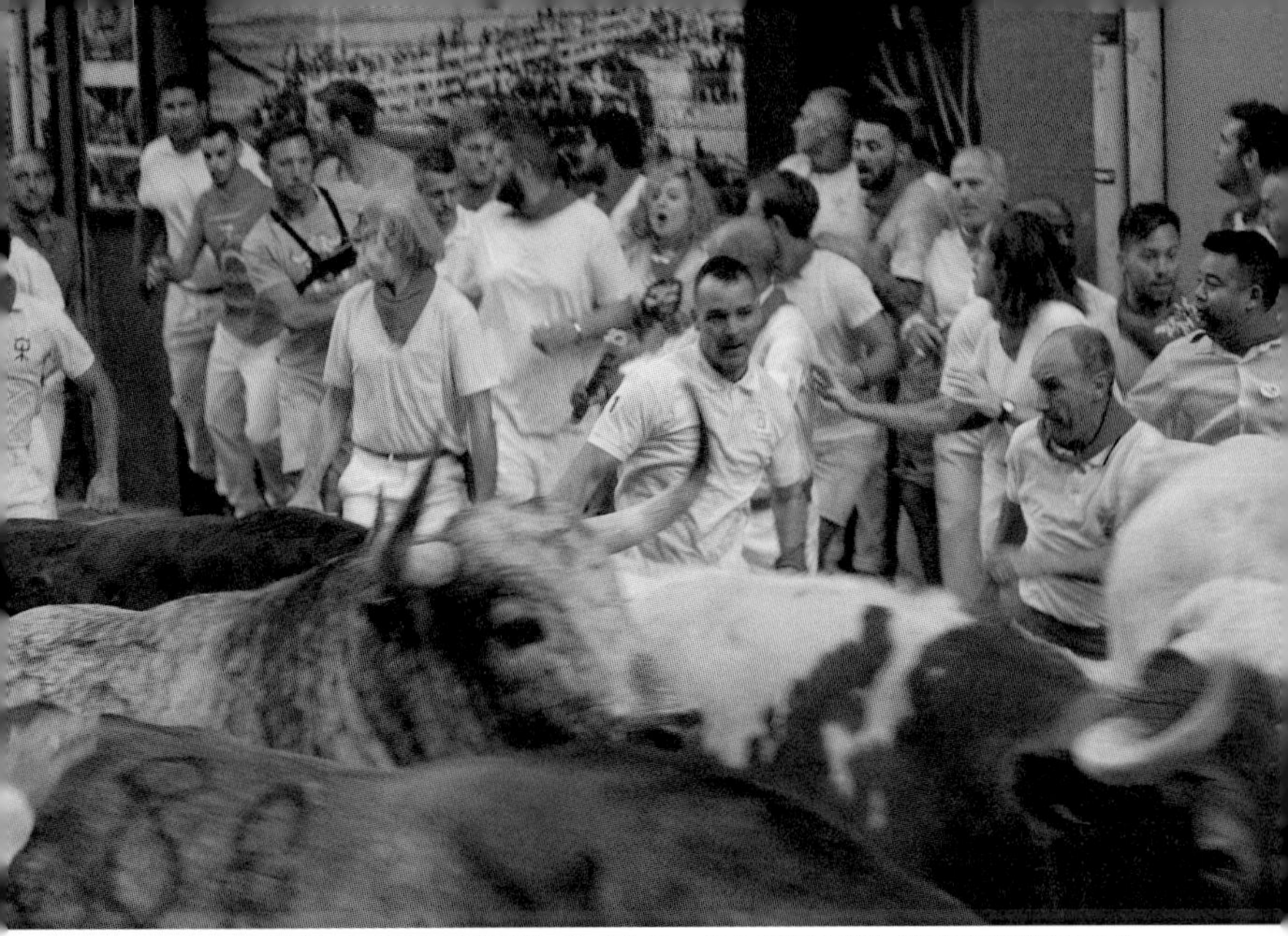

レースには連日２〜３千人の参加者がいる。毎年 70〜80 人の怪我人が出、時には死者が出ることも

聖人はやがてローマ帝国の総督に捕らえられ、ゼウス神、ヘルメス神の信仰を強要されたが、それを拒否したために投獄され、三〇三年にアミアンで斬首、殉教したという。祭事に牛にまつわる行事が加えられたのは、師の聖サトゥルヌスが牛裂きの刑で処刑されたこととの混同がきっかけとの説もある。

聖フェルミン祭は、七月六日正午から十四日深夜まで九日間、二〇四時間にわたって続き、六日正午の開始セレモニーには、約一万三千人の群衆が市役所前に押しかける。市内各所にパブリック・ヴューイングも設置されるなか、群衆は老若男女を問わず白いシャツに白いズボン、スカートを纏って、聖フェルミンへの祈禱を唱えつつ祭りの開始宣言を待つ。数分前からサン・フェルミン、サン・フェルミンの大合唱が湧き上がり、市役所のバルコニーから開始を告げる号砲が鳴り響くや、斬首刑に処された聖人に敬意を表して、持っている赤いスカーフ、ハンカチを首に巻き、スペイン名物の赤ワインのカクテル、サングリアを飲み、掛け合う無礼講に。中世にこの祭が始まった頃、パンプローナは交通の要所であったことから市が立ち、多くの人が集まり、スペインの人々が

上：ご本尊、聖フェルミンの御像は記念日の７日に特別ミサの後に旧市街を行進
下：スペイン北部の祭事には不可欠のヒガンテス（巨大人形）は子どもたちに大人気

オープニングの号砲と共に赤ワイン、サングリラかけの無礼講に
旧市街中にアルコールの匂いが翌日まで充満

旧市街の路地は即席レストランに。エンドレスの長い食事会の始まりだ。左上は聖ロレンソ教会

大好きな闘牛が加わって祭りに花を添えた。そしていわゆる牛追い（エンシエロ）は、城壁外の闘牛の囲いから闘牛場まで牛を運ぶ手段として始まったという。

「牛追い」とはいっても、実状は牛に追われて逃げ回る「牛追われ」で、人々が真顔で悲鳴を上げながら逃げ回るのを尻目に、牛たちは闘牛場まで約一キロメートル、繁華街のメインストリートを約四分で走り抜ける。観衆は会期中、毎朝開催されるレースが始まる朝八時まで、前夜から旧市街のあちこちで宴席を設けてレースを待つ。私もベストショットの場所取りのため、深夜からプレス席の囲い塀の上で一夜を過ごさなければならなかった。

七日朝、最初の牛追いレースの喧騒が鎮まった頃、十時から聖フェルミン礼拝堂がある聖ロレンソ教会で特別ミサがある。その後、ブラスバンドを先頭に、聖像を御輿に載せ旧市街を巡るプロセッションが始まる。身動きが取れないほどの多くの群衆が集まり〝ヴィーヴァ・サン・フェルミン〟と掛け声がかかる中、御輿は旧市街の狭い小路を厳かに時間をかけて進む。牛追いレースに多くの人が沸き立つ一方で、この一刻に改めて聖フィルミンへの崇敬を再確認する人も多いと聞く。

パンプローナ、聖ロレンソ教会蔵、15 世紀

■聖フェルミン

Fermin（西）Firminus（羅）

三―四世紀頃

祝日＝九月二十五日
　七月七日（移葬記念日）

ナバラ、パンプローナ、アミアンの守護聖人

桶屋、ワイン商の守護聖人

▼記念日は七月七日だが、祭事は前日六日の正午より始まる。

▼パンプローナ Pamplona はサンチャゴ巡礼路の拠点、ピレネー山麓南側の交易の中心地として古くから栄えた町。かのフランシスコ・ザビエルはこの近郊の生まれで、聖フェルミンとともにナバラ地方・パンプローナの守護聖人となっている。

▼聖フェルミン祭（牛追い祭）はバレンシアの火祭り（↓本書「聖ヨセフ」）、セビリアの春祭りとともに、スペイン三大祭りとして知られる。赤いネッカチーフを首に巻くのは、斬首刑となった聖人の受難に思いを馳せるためという。

公式サイト＝ https://www.sanfermin.com

▼ナバラ地方の聖人の祭事は全般に牛追い（エンシエロ encierro）を伴うことが多い（本書「聖アンナとヨアキム」なども参照）。一説に、闘牛が盛んなことも含め、キリスト教以前の雄牛信仰の名残りとも。

7/8

聖キリアン

ヴュルツブルク（ドイツ）

聖キリアン像が立つ橋の上を
聖遺物を奉じた祈禱行列が厳かに進む
左後方、ぶどう畑の上に聳えるのはマリエンベルク要塞

プロセッションの後、旧市街の中心にある大聖堂で再度特別ミサがある

ドイツには四十以上の観光街道がある。なかでも人気があるのは、南ドイツのロマンティック街道。中世の街並みあり、古城あり、緑豊かな自然美にネーミングの良さも手伝って世界的人気を誇っている。約五〇〇キロメートル続く街道の南端、アルプス山脈と湖を背景として高台に立つノイシュヴァンシュタイン城は、白亜の幻想的な姿がロマンを掻き立てるが、その反対側、北端に位置して街道の起点となっているのがヴュルツブルクである。古くは司教領主の町で、ドイツ中央部の宗教と交易の中心都市だ。

そのヴュルツブルクでは七月初旬から中旬にかけて、聖キリアン祭（キリアニ）が約二週間にわたって開催される。当地にキリスト教を布教し、ブドウの栽培を奨励したと伝えられる守護聖人の名にあやかって、十九世紀半ばから毎年開催されているワイン祭りである。

聖キリアンは六四〇年頃アイルランドに生まれ聖職者の道を歩むと、巡回司教として大陸に渡った。当時異教の地であったドイツ中央部のフランケン地方で、二人の従者、司祭コロナートと助祭トートナンを連れて布教につとめ（「フランケンの使徒」）、一方では荒れるにまかされ

聖キリアンと従者二人の聖遺物（頭蓋骨）がガラスの器で顕示される

ていた土地を開墾してブドウの木を植え育てるように指導し、ドイツでも指折りの銘醸、フランケン・ワインをこの地にもたらしたという。しかしこの地を治めていた領主ゴスベルトが兄弟の妻と再婚したことを咎めたため、夫人に疎まれ領主不在の折に従者二人と共に斬首されて殉教した。遺体は既に埋められたが、没後半世紀を経た七五二年、発見・発掘されて墓所が築かれた。現在のノイミュンスター教会はこの墓所の上に建てられている。

聖キリアンの記念日（七月八日）、ヴュルツブルクのシンボルというべきマリエンブルク城塞の麓にある聖ブルカート教会で、早朝に特別ミサがある。ちなみに聖ブルガートは八世紀半ばにヴュルツブルクの初代司教となり、行方が分からなくなっていた聖キリアンの遺体を発掘、聖遺物として祀った人物である。

ミサが終わると、教会に移されていた聖遺物を御輿にのせて、マイン川の河岸を通り、街の中心部に架けられた「古マイン橋」（アルテ・マイン・ブリュッケ）を渡って、旧市街のノイミュンスター教会までプロセッション（祈禱行列）がある。文字通り「古い」橋の欄干に居並ぶ聖キリアンらの聖人たちの像に迎えられつつ、ブドウ畑に

ミュンヒェンのビール祭りと比肩されるドイツ最大のビールとワインの祭典には、
多くの人々が民族衣装を着て参加する

キリアニの初日に、レジデンス広場から祝祭会場まで大パレードがある

「ワインの女王」OGも民族衣装で

祭に華を添える「ワインの女王」

地元のビール会社も祭を盛り上げる

覆われた丘の上のマリエンブルグ城塞を背景にマイン川を渡るプロセッションの一行は、演出された歴史劇を見ているようで感動ものだ。

　ワイン祭としてのキリアニは、聖人の記念日に近い七月の第一土曜から約二週間にわたって開催され、この間に総計約百万人が訪れるという、フランケン地方最大の祭りである。初日にはブラスバンド、騎馬隊、民族衣装を着飾った人々からなる、ドイツでも一、二の長さを誇るパレードがあり、昔日の司教領主の宮殿レジデンツから、祭りの会場となる郊外のタラヴェラ広場まで延々と約三時間続く。

　キリアニの歴史は古く、その起源は一〇三〇年に始まったキリアニ・メッセ（市）にまで遡るが、現在のような国民的なワインと民族の祭りに変わったのは一八四六年からという。毎年産地で「ワインの女王」が選ばれ、祭りに花を添えるが、昨今の会場ではビール・テントのほうが幅をきかせているようにも見える。南ドイツ、バイエルン地方の一人あたりのビールの消費量は世界一。男女を問わず、マースと呼ばれる一リッタージョッキでビールを飲みながら、ワインも賞味。見ているだけでも悪酔いしそうな豪快な飲みっぷりだ。

ヴュルツブルク、ノイミュンスター教会蔵
戦災で失われたリーメンシュナイダー作品を再現したもの

■聖キリアン
Kilian（独）Cilianus（羅）
六八九年頃没
祝日＝七月八日
バイエルン、ヴュルツブルクの守護聖人
ワイン製造業者の守護聖人
執り成し＝痛風、リウマチ
図像＝剣、司教杖、書物とともに
▼従者コロナート、トートナンものちに列聖。
▼キリアニは Kiliani-Volksfest の略。七月の第一土曜より約二週間続く。初日に大がかりなパレードがあり、八日の聖人の記念日には、聖ブルカート教会からノイミュンスター教会まで祈禱行列が行われる。
参考サイト＝ https://www.wuerzburg.de/events-termine/kilianivolksfest
▼聖キリアンの聖遺物は本文にある通り、聖ブルカートによって発掘され大聖堂に移されたが（七月七日はこの移葬の記念日）、その際、聖人愛用の聖書も一緒に見出され、「キリアン聖書」として今日まで伝わっている（ヴュルツブルク大学図書館蔵）。
▼古マイン橋の歴史は十二世紀に遡るが、橋の欄干に聖人像十二体（聖キリアン、聖コロナート、聖トートナンを含む）が設置されたのは十八世紀前半。

7/22

マグダラの聖マリア

サン・マクシマン（フランス）

標高1100メートル以上の山中の尾根にある洞窟教会。
聖女はここで祈禱中に幾度となく空中浮遊したと伝えられる。

岩山の麓にある修道院。巡礼者のための宿泊施設にもなっている

マドレーヌといえば、アーモンド型の例の洋菓子を思い浮かべる人も多いだろう。しかしマドレーヌは本来フランス語で「サント・マリー・マドレーヌ」、つまり「マグダラの聖マリア」の略称で、パリの中心部にある「マドレーヌ聖堂」も、もちろんこの聖女に奉献した聖堂だ。洗礼名としても人気で、お菓子のマドレーヌも一説に、最初にこの焼菓子を作った女性の名に由来するという。

マグダラのマリアは一世紀初頭、ガリラヤ湖畔、マグダラ城の裕福な家庭に生まれた。イエスの磔刑、埋葬、復活など重要な場面に居合わせた女性で、その出自から「マグダラの」を付して呼ばれるようになったが、イエス復活後の足跡についてはさまざまな伝承があり、聖母や聖ヨハネとともに聖地を離れて、西方を宣教、エフェソスに住み、同地で帰天したともいわれる。

しかしフランスでは、聖地エルサレムのキリスト教徒迫害を逃れて、ラザロ、マルタの姉弟と三人で船に乗り、マルセイユ郊外の地に辿り着いたとの伝承が人口に膾炙している。そして晩年は、同じ南仏のサン・マクシマン

この道を中世以来、フランス王ルイ9世・フランソワ1世など、あまたの王侯貴族も登ったのだった

のはずれ、ラ・サント・ボームの岩山の頂き近くの洞窟で祈禱に身を捧げる生活を送っていたともいわれ、帰天後、聖遺骨は近くの都市サン・マクシマンに移され、その上に聖堂が建立された。

七世紀末に教皇大グレゴリウスが、ルカ福音書の「罪深い女」とヨハネ福音書の「ベタニアのマリア」（マルタ、ラザロの姉弟）を同一人物としたことで、カトリック教会では、悪霊に取り憑かれた罪深い女性というイメージが色濃くなった。しかしそれ以降、良きにつけ悪しきにつけ数多くの芸術家の想像力を掻き立て、さまざまな絵画、彫刻、小説、映画の題材となった。

サン・マクシマンでは、聖女の記念日の前日、そそり立つ岩山の頂き近くにある洞窟まで、麓でドミニコ会が運営する巡礼者たちの宿泊施設を出発点に、修道士、巡礼者たちのプロセッションがある。朝八時に修道院の教会で特別ミサが行われ、九時ごろから登山開始。麓の施設から聖なる洞窟までの標高差は二百メートルほどだが、道は急峻で相当に険しい。約二キロメートルの道のりを

PORTE
SAINTE

プロセッションに先立ち、サン・マクシマン教会前で出発セレモニーが

人々はプロヴァンスの民族衣装に身を包んで、ミサとプロセッションに参加する

聖人の記念日には、聖遺物を納めた聖女の胸像がサン・マクシマン教会を出て旧市街を巡

サン・マクシマン教会内、マグダラの聖マリア墓所の聖女像

院教会に顕示されている聖遺物。これを担いで岩山の洞窟へと向かう

洞窟教会への最後の階段では女性信者が御輿を担ぐ

何度も休憩を取り、要所要所で祈祷も行いつつ、約二時間かけてゆっくりと登る。急勾配のいろは坂なので、聖遺物の御輿の担ぎ手も修道士に始まり、信者の男性に交代し、最後は聖女にちなんで女性のみで、とリレー登山。断崖の段差のある階段を登ると、磔刑像の下に聖母マリア、使徒ヨハネ、マグダラの聖女マリアの像がジオラマのように仕立てて置かれている。行進を前へ後ろへの追っかけながらの撮影で、最後は息も絶え絶えだったが、このジオラマを見たときは安堵に胸を撫でおろしたものだった。このあと十一時から、聖女が晩年、祈りながら天使に囲まれ空中浮揚をしていたという洞窟内の礼拝堂で特別ミサが行われる。

翌二十二日の記念日には、午前中に、マグダラのマリアの聖遺物を顕示しているサン・マクシマン聖堂で特別ミサがあり、夕刻からは聖堂を出発して旧市街を回るプロセッションがある。前日の厳かなで神秘的な雰囲気がここでは一転、陽気な南仏らしい祭事となる。カラフルなプロヴァンスの民族衣装を着て、民族楽器を手にした楽隊に導かれて行進する、華やかなプロセッションが繰り広げられる。

カルロ・クリヴェッリ画、1477年頃、アムステルダム国立美術館蔵

■マグダラの聖マリア

Marie Madeleine（仏）Maria Magdalena（羅独）
Maria Maddalena（伊）Mary Magdalene（英）

一世紀頃

祝日＝七月二十二日【祝日】

プロヴァンス、マルセイユの守護聖人

罪を悔いる人、美容師、櫛職人、庭師、ワイン醸造業者、香料作りの守護聖人

図像＝香油壺、全身を覆う毛髪

▼サン・マクシマンは、プロヴァンスの古都エクス・アン・プロヴァンスから四十キロほど東。南にサント・ボーム山塊を抱え、現在の正式な都市名はサン・マクシマン・ラ・サント・ボーム（Saint-Maximin-la-Sainte-Baume）。聖なる洞窟への巡礼拠点は、市の中心部から二十キロほど南にある。

参考サイト＝https://www.saintebaume.org/home

▼聖遺物はサン・マクシマンのほかにブルゴーニュのヴェズレーもその存在を主張、十三世紀末、教皇ボニファティウス八世がサン・マクシマンのものを真正と裁定したが、互いに譲らぬまま現在に至っている。そのヴェズレーでも祝日には特別ミサやプロセッションがある。またパリのマドレーヌ聖堂には十九世紀の創建時に、サン・マクシマンから一部が分骨されているという。

7/26

聖アンナと聖ヨアキム

トゥデラ（スペイン）

マグダラの聖マリア教会の入口で
新旧の「聖アンナ三体像」がご対面

早朝8時スタートの牛追い走は迫力満点

ナバラ王国といえばピレネー山脈の北麓、イベリア半島北東部で十六世紀まで独特の存在感を示しつづけた小国で、日本ではフランシスコ・ザビエルの生まれ故郷としてもおなじみだが、この国でパンプローナにつぐ第二の都市として栄えたのがトゥデラである。

二千年ほど前のローマ帝国時代に築かれ、九世紀初頭からはイスラム教徒に占領されていた。その後、キリスト教徒によるイベリア半島の国土回復運動が始まり、十二世紀初頭にキリスト教徒が奪回した。古くから多くのユダヤ人が住むなど、町の歴史は多岐にわたり複雑だ。

一五三〇年、このトゥデラの地で黒死病が大流行した際に、聖アンナに執り成しを祈願したところ、見事平癒にいたったといい、以来聖アンナはトゥデラの守護聖人として定着、聖女の祝日には盛大な祭事が催されるようになった。

聖アンナは、ユダヤ教の祭司マタンを父に、大祭司アロンの娘マリアを母に、ユダヤのベツレヘムに生まれた。洗礼者聖ヨハネの母、聖エリザベツは、アンナの妹マリ

闘牛もまたこの地方の祭事には欠かせぬイヴェントである

アの娘なので、アンナにとっては姪にあたる。一方、アンナの夫となるヨアキムはナザレの生まれ。絶えず貧者たちに施しを与える裕福で敬虔なユダヤ教信者だったという。

アンナとヨアキムには結婚後長い間子宝に恵まれず、あるとき神殿に供物を捧げようとしたが、子どもがいないとの理由でこれを拒否されてしまう。これを嘆いたヨアキムが荒野で断食、悔悛し四十日間修行を続けたところ、天使が現れて夫妻に子供が授かったことを告げた。エルサレムに戻ったヨアキムは、妻アンナと子供が授かったことをお互いに確認しあった。生まれた子をマリアと命名し、三歳になるとマリアを神殿に預け、神に仕えさせた。

トゥデラの祝祭は、聖アンナと聖ヨアキムの祝日の二日前、七月二十四日の正午から始まる。旧市街の中心地フエロス広場で号砲が鳴り響くのが開始の合図である。翌二十五日は聖ヤコブの祝日にあたるが、サンチャゴ巡礼の宿場町でもあったトゥデラでは、この日にも聖ヤコ

祭壇画はペドロ・ディアス・デ・オヴィエド作の「聖母マリアの生涯」（15世紀末）
スペイン・フランドル様式の傑作として知られる

トゥデラの大聖堂もイスラム教のモスクの上に13世紀に建立された
正式にはサンタ・マリーア大聖堂と呼ばれる

新旧の聖アンナ三体像（左がマグダラの聖マリア教会旧蔵の古い三体像）

ブ大聖堂からのプロセッションがあり、聖母マリア大聖堂の聖アンナ三体像に多くの信者たちが献花する。

そして両聖人の祝日当日（二十六日）には、まず夜明けにマグダラの聖マリア教会でミサがある。この教会はイスラム教徒に占領されていた時代にモスクとして築かれていたが、国土回復後の十二世紀初頭に教会に改築され、疫病平癒後の十六世紀半ばには、教会内に聖アンナ礼拝堂もつくられた。プロセッションの御輿に載せられる聖像のうち、旧いほうの聖アンナ三体像（聖アンナと聖母子が並ぶタイプのもの）は本来、この教会に安置されていたものだった。

早朝のミサが終わった頃、町の主要道路が閉鎖され、牛追い走が始まる。トゥデラのあるナバラ州に隣接するバスク地方のビトリア周辺が闘牛の特産地で、牛追い（エンシエロ）はこの地方の祭りには欠くことができないイヴェントなのだ。市内の主要道路を牛たちが闘牛場まで駆け抜ける間、若者たちが牛たちを囃し立てながら逃げ回る。世界的に有名なパンプローナの牛追いに較べると

プロセッションは祖父聖ヨアキムが露払い役で先導し、その後に聖アンナ三体像が続

香りの強いバジルの一種アルバハカは聖アンナ三体像の御輿にも添えられ（上）
人々は蠟燭をこの香草で包んでプロセッションに参加する

日に先立って聖アンナ三体像が大聖堂前の広場に顕示され、
者たちの献げる赤い花、白い花がその前を埋め尽くす

右：プロセッションの最中にアパートのテラスから声太の朗詠が
左：闘牛の応援団。行き返りに街中で笛や太鼓で気勢を上げる

参加者ははるかに少ないが、広い大通りを牛が全速力で走るので、迫力では見劣りしない。

十時になると今度は、聖母マリア大聖堂で特別ミサがあり、そのまま祈禱行列へと移る。大聖堂には、聖アンナ、聖母、幼子イエスの三体を組み合わせた「聖アンナ三体像」が新旧二体（先に触れたマグダラのマリア聖堂旧蔵のものと、マリアもまた子としてアンナに抱かれる三者一体型のもの）と、夫である聖ヨアキムの像とが安置されているが、それぞれが御輿に載せられ、揃って旧市街へと繰り出してゆく。狭い小路に〝ヴィーヴァ・サンタ・アナ（Viva Santa Ana）〟の掛け声が響き渡り、時折民家のテラスからホテラス（女性の歌い手）たちの朗々とした詠唱が聞こえてくる。ご詠歌ともいえるような太く張りのある歌声は、いかにもスペインの祭事らしい。多くの信者たちが手に手にアルバハカ（バジルの一種）で包んだ蠟燭を持ち行列に加わる。香り高いこの草は、イエスが十字架にかけられた丘にも、磔刑の地がそれと分かるように植えられていたという。祖母の聖アンナはバジルの香りに、孫の受難を予見していたのであろうか。

マルティン・カルデンバッハ画、1505年
フランクフルト、シュテーデル絵画館

■聖アンナ
Ana（西）Anna（羅独伊）Anne（仏英）

■聖ヨアキム
Joachin（西）Joachim（羅独仏英）Gioacchino（伊）

一世紀頃

祝日＝七月二十六日【記念日】

ブルターニュの守護聖人（聖アンナ）

妊娠、不妊、子供のいない夫婦、祖母、主婦、鉱夫の守護聖人（聖アンナ）

図像＝幼子キリスト、マリアとともに（聖アンナ三体像／聖アンナ）／二羽の鳩とともに（神殿で拒否された供物／ヨアキム）

▼トゥデラはナバラ州第二の都市。ナバラ地方や牛追い等については「聖フェルミン」の項も参照。

▼祭事（Fiestas de Santa Ana）は、二十四日の昼から一週間続き、この間、牛追いは毎日行われるが、主要祭事は記念日の前日と当日に集中している。

参考サイト＝http://www.tudela.es/tu-ciudad/fiestas/santa-ana

▼聖アンナの聖遺物はシャルトル、アーヘン、フィレンツェなどに残り、フィレンツェではオルサンミケーレ教会で記念日に祭事あり。また十七世紀、農夫の幻視をきっかけに一大巡礼地となったブルターニュのサンタンヌ・ドーレー（Sainte-Anne-d'Auray）の祭事もよく知られるところだろう。

7/29

聖マルタ

リバルテメ（スペイン）

オフレチドス（九死に一生を得た人）たちが
棺に入って教会を出発

この日、聖ヨセフ教会の中へは村民と関係者のみ入堂可

北大西洋に面したスペイン西北部はガリシア地方と呼ばれる。入りくんだ海岸線が続き、「リアス式海岸」の語源となった地域でもある（当地で入江を意味する「リア」に由来）。そのガリシア地方の最南端、ポルトガルとの国境となっているミーニョ川に沿って海岸から東へ約三〇キロメートルほど遡った山奥に、地図にも載っていないような小さな村リバルテメがある。村には、数軒の民家と聖ヨセフ教会、村の規模からすると大きすぎるほどの立派な墓地しかない。

しかし七月二十九日、聖マルタの記念日にはこの村が、県道から村に続く約二キロメートルの山道の両脇がすべて駐車場と化すほどの訪問客で賑わう。

聖マルタはエルサルム郊外ベタニアの出身、妹マリア、弟ラザロの姉として新約聖書に登場する。弟ラザロの病気治癒をイエスに依頼したが、到着が遅れてその間に弟は亡くなってしまい、イエスがやって来た時には弟はすでに墓に埋葬された後だった。しかしマルタがこれを嘆くと、イエスは墓中のラザロを復活させたのだった。

またキリスト復活後の聖女の行方については、キリスト教徒の迫害を逃れて、妹弟とともにエルサレムから船

パレード前の棺は教会の壁際に

で南フランスに辿り着き、同地で宣教に従事したとの伝説がよく知られており、アヴィニヨンのはずれで、川で溺れ死んだ少年を前に「弟ラザロと同じように生き返らせてください」と祈り、その命を蘇らせたとの奇蹟譚も伝わっている。

ちなみに南仏には聖マルタの龍退治の伝説も残り、聖水をかけ怪物タラスクを退治したとされる。聖女に救われたタラスコンの町には聖女マルタの墓なるものもある。

さて、ガリシアの村リバテルメに話を戻すと、この地の聖マルタ教会は、「オフレチドス」と呼ばれる重病や事故で九死に一生を得た人たちが、聖マルタに神への執り次ぎを感謝して棺の中に入り、担がれ、村を行進するという「奇祭」で有名である。棺の中の参加者は季節柄の炎天下、灼熱の太陽の光を直に浴び、大汗をかきながらの大役となるが、イエスに弟ラザロを復活させてもらった聖マルタは、同じように臨死から救われた人たちにとっては、執り成しの願いを聞き入れてくれた命の恩人なのだ。

聖女の記念日、墓地付設の聖堂で朝早くからミサがあり、さらに十時から聖堂横の広場に建てられた特設テン

上：人口100人にも満たない過疎の村に3000人以上が訪れる
下：7月末の真夏日、スペインの灼熱の日光を浴びながら行列は約1時間続く

くの信者たちが聖マルタの御輿に寄り添い、祈りながら行列が進んでゆく

普段は聖マルタの石像だけが、人影すらない村の墓地と教会を見守っている

トで訪問者に向けた特別ミサがあり、正午から待望のプロセッションが始まる。聖堂の中に置かれていた棺の中に、生身の人間が横たわり、信者たちが棺を担ぎ、教会の外へと担ぎ出す。普段は人通りすらない村が、この日だけは聖堂訪問者、観光客で溢れかえる。山間の空き地や街道上に空中ブランコや射的などの遊興施設、屋台などが特設され、その間を聖女の像に導かれた棺の行列が約一時間行進する。

「オフレチドス」になった人に聞くと、棺に入ることで、生き帰った感謝の気持ちが改めて湧いて来て、再び生きる感謝の気持ちでいっぱい、という。中には、幼少の頃に臨死体験を経て生き返り、初老となった現在まで毎年オフレチドスになって参加している人もいる。

この奇妙な祭事は、アメリカやロシアでもTV等で紹介されており、海外からの訪問客も多い。村の人口が百名にも満たないにもかかわらず、行列は約六百メートル続き、訪問者は例年三千名を越えるという。しかし一方では、スペイン語で巡礼を「ローマ詣で」の含みでロメリアと呼ぶが、近くの祭事を訪れてローマへの巡礼の代替えとする昔ながらの行列参加者もおられて、観光客に混じって、膝を使って苦行しながら行進する姿が目に止まる。

リバルテメ、聖ヨセフ教会前の石像

■聖マルタ

Marta（西伊）Martha（羅独英）Marthe（仏）

一世紀頃

祝日＝七月二十九日【記念日】

主婦、料理・洗濯をする女性、瀕死の人の守護聖人

執り成し＝火、噴火（エトナ火山）、乳癌（近代以降）

図像＝龍・灌水器とともに

▼福音書に妹マリア・弟ラザロとともに登場（ルカ10:38など）、妹はしばしばマグダラのマリアと同一視される（同項参照）。

▼リバルテメ Ribarteme はポンテベドラ県アス・ネベス As neves 村の一地区（正式にはサン・ホセ・デ・リバテルメ San Xose de Ribarteme）。教会は一般に聖マルタ教会とも呼ばれるが、聖ヨセフ教会が正式。

▼オフレチドス（Los ofrecidos）の奇習は、かつて臨終間際の重病人たちが奇蹟を願って棺に入りこの教会まで巡礼したのが始まり。現在は主として臨死体験した近隣の住人たちが棺に入るという。

公式サイト＝http://santamartaderibarteme.org/

▼聖マルタ関連では他に、南仏タラスコンで六月下旬に催される怪物タラスク退治の祭事が世界的に有名。あるいは当地の聖マルタ崇敬も、南仏からサンチャゴ巡礼路を介して伝えられたのかもしれない。なお聖遺物は一九三九年火事で焼失の由。

8/11

聖キアラ

アッシジ（イタリア）

クララ会（観想修道会）の修道女たちは外部との接触が禁じられているが
記念日にはアッシジ市長が大聖堂に隣接する修道院を訪れ
禁域内に立ち入って修道女たちに花束を渡す

城壁で囲まれた旧市街の東端に、聖ルフィーノ大聖堂（左）と聖キアラ聖堂・修道院（右）が並ぶ

聖フランチェスコと聖キアラの町アッシジは、スバシオ山の中腹の高台に東西に広がっている。町の西端に城塞のように屈強な聖フランチェスコ聖堂があり、東端に優美で女性的な聖キアラ聖堂がある。アッシジの歴史は、古く起源前千年頃にすでに集落が発生し、ローマ帝国時代には地方の中心都市であった。町の中央の市役所広場に面して建つ天使の聖母マリア聖堂の正面部を見ると、古代ローマ時代の神殿の一部が残っていて、町の歴史の古さがうかがえるが、その広場から五分ほど東に歩くと、濃淡の薄桃色の大理石で縞柄になった聖キアラ聖堂の正面が見えてくる。この聖堂はキアラの列聖後（一二五三年没、一二五五年列聖）ほどなく、もと聖ゲオルギウスに献げられていた教会（一二三〇年まで聖フランチェスコの遺体を顕示）の跡地で建設がはじまり、一二六五年に完成したという。

聖キアラは一一九四年、裕福な騎士ファヴァローネの娘としてアッシジに生まれた。母は敬虔な信者で、キアラを身籠っていた際に十字架の前で祈っていると「あなたは世を照らす光を生むだろう」との声を聞いたので、生まれてきた娘は光を意味するキアラ（ラテン名クララ）と

記念日の荘厳な特別ミサはジョヴァンニ・アンジェロ・ベッチュ枢機卿が司式

命名した。一二一一年、聖ルフィーノ大聖堂で清貧の道を歩むフランチェスコの説教を聞き、翌年アッシジの下の町にあるフランチェスコと兄弟たちが待つ小さな教会ポルチンコーラへ行き、世俗を棄てた。キアラは、フランチェスコがキリスト教社会の立て直しを依頼された十字架が顕示されている聖ダミアーノ聖堂に付属する修道院を築き、そこで修道生活を始めた。フランチェスコの精神の下で修道女たちが共住し観想生活を送る女子修道会、クララ会のはじまりである。

一二四一年、サラセン軍がイタリアを襲撃し、アッシジの町も陥落しそうになり、キアラたちがいる聖ダミアーノ修道院の門前まで押し寄せたが、キアラが聖体顕示台を持って対峙したところ、聖体が光が発し、それを見たサラセン軍はアッシジの町から撤退したという。キアラにはほかにも数々の奇蹟が伝えられており、晩年、病に臥してクリスマスのミサに参加できずに自室に残っていたにもかかわらず、クリスマスのミサの様子が見えていたという。二十世紀後半、聖女がテレビの守護聖人に指名されたゆえんである。

記念日（八月十一日）の祭事は、聖キアラ聖堂地下墓所

上：白とピンク色の大理石のストライプが美しい聖キアラ聖堂正面
下：古式ゆかしい出で立ちの鼓笛隊に先導され、女性市長ステファニア・プロイェッティが聖堂を訪れる

聖キアラ聖堂での特別ミサ。主要祭壇の上には、聖ダミアーノ教会で
聖フランチェスコに語りかけたと伝えられる十字架像が顕示されている

オリーブ畑に囲まれた聖ダミアーノ修道院（下は礼拝堂と回廊）

礼拝堂での早朝のミサから始まる。続いて十時から、市庁舎で市長たちのセレモニーがあり、鼓笛隊に先導されて市の代表団が聖キアラ聖堂へ向かう。十一時から聖堂で特別ミサがあげられるが、それに先立ち、聖具室横の鉄柵で俗界と隔てられた修道院（聖堂に隣接）のホールで、市長から修道女代表に花束の贈呈がある。そしてこの日の夕刻にも、前夜に引き続いて晩禱がある。

ちなみに翌八月十二日は、アッシジの最初の司教ルフィーノの記念日。夕刻から聖ルフィーノ大聖堂で記念日のミサ、その後多くの住民が参加する大プロセッションがあり、日本ならお盆前にあたる炎暑の時期、アッシジの町は熱い祝祭モードが続く。

バルトロメオ・ヴィヴァリーニ画、1451年
ウィーン、美術史美術館蔵

■聖キアラ

Chiara（伊）Clara（羅西）Claire（仏）Klara（独）Clare（英）

一一九四―一二五三

祝日＝八月十一日【記念日】

アッシジ、クララ会の守護聖人

テレビの守護聖人

図像＝聖体顕示台、聖水器、磔刑像、百合、書物などとともに

▼クララ会（女子修道会）は本文にある通り、聖ダミアーノ修道院で産声を上げたが、一二六三年、聖キアラ聖堂に隣接の修道院に本拠を移し、聖遺物もまた同聖堂に移葬されたという。またキアラは一二一六―一七年頃に修道会則を執筆、これは死の直前の一二五三年に教皇の認可を受けており、修道会則を著した最初の女性とされる。

▼アッシジの他の主な祭事としては、春の到来を告げるカレンディマッジョと、十月三日・四日の聖フランチェスコの祝日がある。三日に聖人の帰天地ポルチンコーラの聖堂で特別ミサとプロセッション、四日には聖フランチェスコ聖堂で特別ミサ。また降誕祭の時期には、イエスの聖誕を再現したプレセピオを作って祝う習慣をはじめた聖フランチェスコゆかりの地らしく、双方の聖堂の前と中庭に等身大のプレセピオが築かれる。

8/20

クレルヴォーの聖ベルナール

ブルゴーニュ（フランス）

聖人の足跡に思いを馳せつつ、巡礼の一行は
銘醸地ジュヴレ・シャンベルタンのぶどう畑をゆく

一行は教区司祭に率いられ約30kmの道のりを2日間かけて歩く

ブルゴーニュといえばワイン大国のフランスでも屈指の銘醸地として名高いが、十二世紀に修道会改革や異端対策などに辣腕をふるい、聖界俗界の双方で抜群の存在感を発揮したクレルヴォーの聖ベルナールは、この地方の中心都市、ディジョン郊外の生まれである。

一一一二年、ベルナールは志を同じくする兄弟、親族、友人ら三十名とともに、シトー修道院の門を叩いた。理想に燃えた若者たちは、設立初期の熱意を失いつつあったシトー会に清新な改革の気運をもたらし、その後の発展を準備したのだったが、聖人の記念日、八月二十日に近い週末には、例年、聖人の生家跡からシトー修道院まで約三十キロメートル、この時の若者たちの情熱に思いを馳せつつその足跡を辿る巡礼ツアーが開催される。ブルゴーニュの古都ディジョンとワインの都ボーヌの間のワイン産地コート・ドール（黄金の丘）を、北から南へと二日間かけてゆっくりと下ってゆくような見当になる。

聖ベルナールは一〇九〇年、ディジョン郊外の現フォンテーヌ・レ・ディジョンに騎士の息子として生まれた。敬虔なキリスト教徒であった母親の影響で幼少時より修道院に入ることを望み、十三歳の時に母が他界したがそ

フォンテーヌ・レ・ディジョンの、聖ベルナールの生家跡に建てられた城館

の意志は変わらなかった（ベルナールはのちに母の故郷にフォントネー修道院を建てている）。二十二歳でシトー修道会に入会し、一一一五年、二十五歳の若さでシャンパーニュ地方南部のクレルヴォーに新設された修道院の修道院長に就任、以後クレルヴォーのベルナールと呼ばれるようになった。教皇が二名並び立つ教会分裂の危機を回避したり、十字軍への参加を呼びかけたりと教会政治に尽力する一方で、祈りと観想、研究と執筆、修道者の養成に努め、帰天するまでにヨーロッパ内に約七十の修道院を設立した。神の深淵な諸真理を深い愛情をもって生き生きと伝えたことから十二世紀末には「愛の博士」、十五世紀には「密の流れる博士」、一八三〇年に教皇ピウス八世により「教会博士」の称号を贈られている。

「聖ベルナールの歩み」と冠された巡礼ツアーは、十九世紀に聖人の生地跡に建てられた城館からスタートする。早朝に集合し、城館の礼拝堂で特別ミサにあずかった後、同行の司祭から道中の注意事項などについて説明があり、巡礼中にゆるしの秘跡を希望する人はいつでも声をかけてほしい、とのことだった。大都市ディジョンは交通量も多いため、都市部を避け郊外の緑地を縫うよ

St BERNARD

上：杖にリュックの旅装で、ぶどう畑をゆく
下：巡礼出発前のミサ（フォンテーヌ・レ・ディジョン、城館付属礼拝堂）

聖人が見守るなか、巡礼参加者たちは司祭が祝別したご聖体を拝領す

シトー修道院の教会でのミサ

修道士から巡礼への労いの言葉が

健脚の聖人にあやかった塗り薬で旅の疲れを癒す

晩禱に参加する修道士たち

最後はシトー会修道士たちにあたたかく迎えられる

うにして一日目の目的地、ナポレオンが愛したという赤ワインの産地ジュヴレ・シャンベルタンを目指す。昼食を取ったシェノーブ周辺からなだらかな丘陵地帯となる。この辺りからジリ・レ・シトーまで続く街道は、左右に銘醸ワインのためのぶどう畑が広がる。

二日目の早朝、特別ミサの後、最終目的地シトー修道院を目指して出発。昼食と休憩を取ったジリ・レ・シトーの城館も旧シトー会の修道院を改装した建物で、現在はホテルになっている。ジリからは平坦な土地が続く。最後は比較的楽な道のりであったが、ブルゴーニュは内陸なので八月中旬の暑さは厳しかった。

ブルゴーニュのぶどう畑を十分に堪能したあと、巡礼の最終目的地は修道会発祥の地であるシトー修道院。染料を使わない白の修道服を身に纏った修道士たちから労いの言葉を受け、十七時からの晩禱に参加して旅をしめくくる。ゆったり流れる時間の中で歩きながら司祭と言葉を交わし、にわか巡礼たちも一様に心身のメンテナンスを終えたような表情だった。

「聖ベルナールの歩み」は、二十一世紀初頭から始まり、毎年開催されている。

フォンテーヌ・レ・ディジョン、城館入口の聖人像

■聖ベルナール（クレルヴォーの）

Bernard（仏英）Bernardus（羅）Bernardo（伊西）
Bernhard（独）

一〇九〇―一一五三
祝日＝八月二十日【記念日】
シトー修道会の守護聖人
養蜂家、ろうそく製造人の守護聖人
一一七四年列聖、一八三〇年教会博士

▼聖人が最初に修道院長となったクレルヴォーClairvaux は、ディジョンから百キロほど北の地。当時の建物は残らず、十八世紀に再建の施設がナポレオン時代に刑務所に転用され、現在に至る。

▼生地フォンテーヌ・レ・ディジョン Fontaine lès Dijon の城館は一八九〇年、聖ベルナール生誕八百年を記念して創建されたもの。

▼シトー修道院は革命時に転売されたが十九世紀末、トラピスト会（厳律シトー会）の修道院として復活。

▼ジュヴレ・シャンベルタン Gevrey-Chambertin ジリ・レ・シトー Gilly-lès-Cîteaux はともにコート・ドールの村名。前者は「聖ヴァンサン」の項参照。

▼巡礼ツアー「聖ベルナールの歩み」Pèlerinage Pédestre Saint-Bernard はディジョン司教区の公式行事。例年五十〜百名前後が参加。
公式サイト＝www.pelerinages-dijon.cef.fr

8/25

聖王ルイ

エグ・モルト（フランス）

馬上試合に先だち、城壁を背にして行われる
オープニングのフラッグ・ショー

祭事の会期中は城壁内のいたるところにフランス王家の百合紋が

フランスの首都パリの中央を東西に流れるセーヌ河には中洲が二つある。シテ島とサン・ルイ（聖ルイ）島である。シテ島にはノートル・ダム大聖堂があり、パリの発祥地ともいわれるが、その東側にあるサン・ルイ島は、中世には牛の小島などとも呼ばれ、牛が放し飼いにされていたという。十三世紀半ばのフランス王ルイ九世は、十字軍を組織して聖地奪回を目指す際、この島で騎士たちとともに神への執り成しを祈願し、聖地に向けて出立したという。当時完成直後のノートルダム大聖堂を目の前にして、王たちは美しい白亜の貴婦人（ノートル・ダム）に聖地奪回を誓願したことだろう。王は生前の徳行から十三世紀末に列聖されて聖《サン》ルイと呼ばれるようになり、小島は十八世紀に現在の島のサン・ルイ教会が祝別されて以来、サン・ルイ島と呼ばれるようになった。

ルイ九世は一二一四年、パリ郊外ポワシーでフランス王ルイ八世の次男として生まれた。兄フィリップが夭逝し、父ルイ八世が亡くなると、十二歳で王位に就いた。幼い頃から母ブランシュ・ド・カスティーユから徳を重んずる教育を受け、清貧を尊び、貧者に施しをすることを学んだ。当初は母ブランシュが摂政として王権を代行

聖王の一行に扮する人々が入場したあと、馬上競技（槍で輪を取り標的を倒す）が催される

したが、一二三六年以降は王みずからが実権を握り、三十五年間にわたり国を治めた。王は、深い信仰を持ち、憐れみ深く、経済を安定させ、他国や教皇間の調停にも長け、ヨーロッパに平和をもたらした。母ブランシュの支援も受け、パリ近郊にロヨモン修道院、モーブイソン修道院を設立したのをはじめ、十字軍遠征中に入手したイエスの荊冠の刺を顕示するためにパリにサント・シャペル礼拝堂を築き、シャルトル大聖堂にステンド・グラスを作らせ、アミアン大聖堂、ルーアン大聖堂なども再建、修築させるなどして、建築王とも呼ばれた。学術面では、ドミニコ会、フランシスコ会と協力してソルボンヌ大学の創設に尽力した。キリスト教精神に基づく徳のある人生を送り、数々の施設、教会を築いたことから、生前から聖王、ルイ敬虔王と呼ばれ、ヨーロッパ中世の理想的君主と見なされていた。

十字軍参加を強く望んでいたルイ九世はつねづね、地中海の海上交通を安全なものにするために、出口となる港が不可欠と考えていた。マルセイユが弟公シャルル・ダンジューの支配下にあったのをはじめとして、地中海沿岸の主だった港は他の領主に抑えられていたからであ

上：パレードのハイライトの場面——聖王ルイに町の鍵が譲渡される
下：祭りの最後には、聖王ルイ夫妻と弟シャルル・ダンジュー夫妻、司教らが舟に乗って登場

斬首の刑具

十字軍の戦士たちの兜のレプリカ

鼓笛隊の一行が旧市街を練り歩き、雰囲気を盛り上げる

弓のデモンストレーションも

城壁前の広場は中世風の市に早変わり

る。そこで王は一二四〇年、マルセイユに近いカマルグ地方の沼沢地の西端にあったエグ・モルトの修道院と周辺の領地を買収し、地中海を自由に往来するための拠点の軍港造りを始める。エグ・モルトとはプロヴァンス語で死せる水を意味し、周辺は塩水の湿地地帯であった。

そして一二四八年、教皇インノケンティウス四世の呼びかけに応え、イスラム勢力に占領されていたアフリカ北部を奪回するために第七回十字軍が組織されると、王はこのエグ・モルトから出航した。しかし北アフリカを奪回するはずが、逆にエジプトで捕らえられてしまい、身代金を支払ってようやく解放されるという惨憺たる結果だった。王はその後、聖地に赴き約三年間滞在、聖地に近い港ヤッファに市囲壁を築いた。母后ブランシュ逝去の報を聞いて一旦フランスに戻ったのち、一二七〇年、第八回十字軍を編成して再度聖地奪回を目指したが、戦地チュニジアで疫病に倒れてそのまま帰天した。

聖王ルイの記念日、八月二十五日に近い週末に、王が築いたエグ・モルトの町で祭事が開催される。約千六百メートルの厚い市囲壁に守られた町の中に、中世を再現する市場や、手工芸品、兜、甲冑などの武具のスタンド、テントが所狭しと作られる。最終日、日曜の朝十時からは、聖王ルイと兄弟たち、十字軍の兵士に扮する市民たちのパレードが約一時間続き、市囲壁内のサブロンのノートル・ダム教会で特別ミサがあげられる。聖王ルイの時代に築かれた石造りの教会堂での特別ミサには、中世の王侯貴族の衣装や、十字軍の軍服をまとったパレードの参加者たちも参列し、さながら歴史絵巻を見ているかのようだ。祭事の期間中は連夜、市囲壁の外側にある広場で中世の馬上の槍試合なども開催され、十字軍時代の中世が再現される。そして最終日の夜、花火大会を合図に、聖王ルイの一行が船に乗って登場し、祭りのフィナーレを飾る。

聖王ルイと小姓
エル・グレコ画、1590年頃、ルーヴル美術館蔵

■聖王ルイ（フランス王ルイ九世）

Louis（仏英）Ludovicus（羅）Ludovico, Luigi（伊）Ludwig（独）

一二一四—一二七〇

祝日＝八月二十五日【任意の記念日】

パリ、ポワシー、フランシスコ会第三会の守護聖人

学問、芸術の守護聖人

▼エグ・モルト Aigues-Mortes は本文にある通り聖王が創建した町だが、シンボルともいうべき分厚い城壁は聖王の時代にはいまだめぐらされておらず、（今なお観光客に人気の）カルボニエール塔、コンスタンス塔を中心とした、小さな城塞都市であったという。

▼祭事は、記念日に近い週末、金曜から三日間開催。行列などで当時の人々に扮するのは地元民で、聖王ルイ役は市役所の都市計画課勤務とか。

公式サイト＝ https://ot-aiguesmortes.com/fete-de-la-saint-louis

▼エグ・モルト以外の祭事としては、モンペリエに近いセート Sete でも聖ルイ祭がある。やはり八月下旬に記念日を挟んで一週間開催され、港近くの運河での舟上槍試合 Grand Prix de Saint Louis が有名。開港を祝って一七四三年から始まった競技で、一七四五年にはルイ十五世も直々に参戦したという。

秋

AUTUMNUS

St. Fiacrius

St. Rosa

St. Hirdegardis

St. Januarius

St. Theresia

St. Ursula

St. Leonardus

St. Martinus

8/30

聖フィアクル

クロミエ（フランス）

花で飾った馬車に乗り、昔の農民の衣装で参加するパレードは
収穫祭さながら——ちなみに馬車もまた聖人と浅からぬ縁が

収穫したての野菜などを荷車に載せてパレードに

フランスの首都パリ周辺の地域は、一帯をセーヌ川、マルヌ川、オワーズ川に囲まれた島と見立てて、〝イル・ド・フランス（フランスの島）〟と呼ばれるが、中世以来この地で絶大なる人気を誇る聖人に聖フィアクルがいる。

フィアクルは、六世紀末頃のアイルランドに貴族の子息として生まれ、薬草や医療に関する知見をたくわえたのち、海を渡ってノルマンディからフランス北部、イル・ド・フランス東部のモーに辿り着いた。モーでは、すでに聖コロンバヌスや聖キリアンをはじめとする多くのアイルランドからの修道士を受け入れていたが、フィアクルは、司教聖ファロンから近くのブルイユの地を譲り受けると、この地に隠棲して森を開墾し、畑地に変えていった。また巡礼者や貧者のための施設を設けて、畑の作物や薬草を貧者や病人に与えていたともいう。

すでに生前から、さまざまな病を癒すなどの奇蹟が伝えられていたが、没後もブルイユの聖所は巡礼地として栄え、十六世紀には聖遺物がモーの大聖堂に移葬されるほどの賑わいをみせるようになった。森を切り拓き農作物や薬草を育てたとの伝承から、庭師や農夫の守護聖人であるとともに、さまざまな病を癒すと聖人として参詣

水難救助のスペシャリスト、ニューファンドランド犬もパレードに参加

が絶えず、その名がフランス語のイチジク（フィグ figue）を連想させるせいか、とりわけ痔瘻（「聖フィアクルの病」と呼ばれる）や子宮関連の病、それに子宝に関して頼りがいのある聖人として崇敬を集めたのである。

そしてさらに十七世紀から十八世紀にかけて、その名声は最高潮に達する。一六三七年、南仏コティニャックの恩寵のノートル・ダム教会で、フィアクルという名の修道士が、結婚後約二十年間子供に恵まれなかったルイ十三世の后アンヌ・ドートリッシュに、聖母マリアへの連禱によって子宝が授かるという天啓を受ける。それを伝え聞いた后は四十日間の連禱の末、予言通りに子を授かり、十ヶ月後、三十六歳にして王太子、後のルイ十四世（太陽王）を生んだのである。国王夫妻はこの間、パリから東へ約五十キロメートル離れたモーの大聖堂や郊外のブルイユに足繁く通い、聖フィアクルの聖遺物に詣でて執り成しを願ったことが知られており、聖人の人気には否応なく拍車がかかることとなった。その後、王の重鎮であったリシュリュー枢機卿もまた、癌を患った折に聖フィアクルを頼ったと伝えられる。

また同じ頃、パリ市内で貸し馬車をはじめた業者が、

老いも若きも聖人も花飾りで祭に彩りを添える（上の女性二人はパレードの先導役）

クロミエ村の広大な公園での野外の特別ミサと、周辺で球根などを売る屋台

聖人ゆかりの地ブルイユはサン・フィアクルと名を変えた。同地の聖フィアクル教会

この人気にあやかろうとして屋敷に聖人の看板を掲げたのをきっかけに、建物（サン・フィアクル館）はおろか、貸し馬車もその御者も、さらには時代が下って、その後継者にあたる辻馬車などもまた、フィアクルと呼ばれるようになったという。

聖フィアクルの祭事は、八月下旬から九月中旬にかけてフランス北部各地で開催されるが、庭師や野菜農家の守護聖人ということで、どこも宗教行事というよりむしろ秋の収穫祭に近い趣きがある。聖人ゆかりのブルイユ（現在はサン・フィアクル村と名を変えている）に最も近いのはクロミエ村の祭事で、記念日に一番近い週末、旧領主の城館の広大な庭で野外の特別ミサが行われる。このあたりは水辺が多いので水難救助犬ニューファンドランドが祝別を受けるほか、森に囲まれた土地柄か狩猟家や狩猟ファンファーレの奏者なども参加するユニークなミサだった。会場近くには園芸用具、薬草の種、肥料などを売る屋台も立ち並び、ミサの後は、生花で着飾った女性たち、司祭、庭師、農家、水難救助犬らによるプロセッションが旧市街を行進。収穫祭を兼ねた同様の聖フィアクル祭は、中仏のオルレアンなどでも開催される。

サン・フィアクル村、聖フィアクル聖堂の聖人像
庭師の守護聖人らしく足元には如雨露とスコップ

■聖フィアクル

Fiacre（仏英）Fiacrius（羅）Fiacrio（伊）Fiakrius（独）

六〇〇頃―六七〇

祝日＝八月三十日

庭師、花売り、馬車の御者、タクシードライバーの守護聖人

執り成し＝皮膚病、痔瘻

図像＝杖、鋤、スコップ、如雨露とともに

▼聖人が長く隠棲したブルイユ Breuil の地は、モー Meaux から南東へ五キロほどの郊外。現在はサン・フィアクル Saint-Flacre 村と呼ばれる。同地の聖フィアクル教会は、十七世紀半ばまであった洗礼者聖ヨハネ礼拝所の跡に、一六五八～九年に建立、一八六六年に後陣部を広げ大きく改築された。

▼聖遺物は現在モー Meaux の大聖堂に納められており、記念日には同聖堂で特別ミサあり。

▼本文で収穫祭ふうの祭事を紹介しているクロミエ Coulommiers 村はモーの南東二五キロほどのところ。

▼フランスでサン・フィアクルと呼ばれる村は、ロワール河口、ナントの南郊にもあり（サン・フィアクル・シュル・メーヌ）、やはり十六世紀以来巡礼地となっていたという。

9/4

聖ローザ

ヴィテルボ（イタリア）

旧教皇宮殿（右奥）前の広場に勢揃いして祭がスタート
左手の大聖堂から聖遺物が担ぎ出され、市中へと向かう
広場の中央には大燭台（マッキナ）の担ぎ手たちも参列

大燭台（マッキナ）の運行に先立ち、聖遺物の御輿が市中を巡回する

ローマから北へ七十キロメートルほど行くと、中世の佇まいを色濃く残すヴィテルボの町がある。観光地としても人気で、一番の見所は十三世紀半ばに築かれた教皇宮殿だろう。南仏アヴィニヨンに移る半世紀前にも、教皇庁はローマからここヴィテルボに移転している。当時イタリア半島を舞台に教皇派（グエルフィ）と皇帝派（ギベッリーニ）が覇権を争い、皇帝派はシチリア島まで勢力を伸ばしていた。皇帝フリードリヒ二世の没後、ローマでは両派の争いに拍車がかかり、教皇アレクサンデル四世は一二五七年、教皇庁をローマからヴィテルボに移した。爾来二十四年間、九人の教皇たちがこの地に聖座を置いた。教皇クレメンス四世の没後には、約三年間教皇が決まらない空位時代が続いたが、業を煮やした市民は一二六八年、教皇を選ぶ権利のある枢機卿たちを次の教皇が決まるまで広間に閉じ込めるという荒技に出、これが今日のコンクラーヴェの濫觴となった。

教皇庁がヴィテルボに移ってくる約二十年ほど前、ヴィテルボに一人の聖女が現れる。一二三五年、貧しい家に生まれたローザは、幼少の頃から信心深く、病気がちながら祈りを欠かすことはなかった。十歳の頃、祭壇で

マッキナは運行前、ローマ門広場に展示

ヴィテルボ司教が沿道の信者たちにご挨拶

祈りを捧げていた時に聖母マリアが現れ、フランシスコ会に入会して貧しい人々を助け、清貧の生活を送るようお告げを受ける。ローザはお告げ通りに、粗末な修道服を着て腰縄を結び、市内の各所で説教して歩いた。多くの人に感動を与え、悔悛する人たちも多かったが、その当時ヴィテルボの多数派であった皇帝派への敵意を隠そうとしなかったために彼らの怒りを買い、家族共々町からの退去を余儀なくされてしまう。フリードリヒ二世没後、町で教皇派が息を吹き返すと、ローザは家族と共にヴィテルボに戻ったが、ほどなくして十八歳の若さで帰天した。終生修道院へ入ることを願っていたローザであったが、家族には娘を修道院に入れる持参金もなく、フランシスコ会第三会の会員（在俗会員）のまま夢を果たすことはできなかった。

ローザの遺体は、没後ポッジョ（坂の上）の教会の墓所に葬られていたが、一二五八年、教皇庁をヴィテルボに移転させたアレクサンデル四世により、現在も聖遺物が顕示されている聖母マリア教会（現聖ローザ教会）に移葬された。遺体は腐敗せずに芳香を放ちつづけたといい、それ以来、同教会は聖女を慕う信者たちの巡礼地となった。

GLORIA IN EXCELSIS

上中段：修道女ふうの衣装で、聖ローサ教会へ奉納する薔薇やパン、蠟燭などを運ぶ子どもたち
下段：100名近い屈強そうな担ぎ手たちがマッキナの下に潜って運ぶ

マッキナ（大燭台）全景――5階建ての建物と同じ高

聖ローザ修道院に隣接する「聖ローザの家」（右）とその祭壇（左上）
左下は祭の御輿が運び込まれる聖ローザ教会の墓廟

ヴィテルボでは、聖遺物が移葬された九月四日に、聖ローザ祭が行われる。一日が前日の夕刻から始まっていた中世人の流儀にならって、祭事は前日三日の夕刻に始まり、まず大聖堂から聖ローザ教会へ、聖人の頭蓋骨の一部を運ぶプロセッションがある。そして夜の帳が降りる頃、メイン・イヴェントというべき、マッキナ（大燭台）の行進へと移る。高さ二十八メートルの尖塔の頂に聖女像を載せ、小さな電球三千個、蠟燭八百八十本で飾られた総重量約五トンの巨大な燭台を、約百名のファッキーニ（担ぎ手たち）が、ローマ門から聖ローザ教会まで、旧市街の約二キロメートルの道乗りを運ぶ。途中、五回の休憩があるものの、三十メートル近い巨大な尖塔を人力で運ぶのは見るからに不安定で、撮影しながら、倒れないかと目を覆いたくなることもしばしば。二〇一三年にはユネスコの無形文化遺産にも登録されたこの「聖ローザのマッキナ運行」は十七世紀後半から始まったが、長い歴史の中では一度ならず倒れたり壊れたりもあったらしい。マッキナは原則として五年に一度、意匠を変えて作り直されるとのことで、純白の天使たちが美しい現行のデザインはそろそろ見納めかもしれない。

フランチェスコ・ポエデスティ画、19世紀後半、聖ローザ教会祭壇画（部分）

■聖ローザ（ヴィテルボの
Rosa（羅伊）
一二三三頃―一二五二
祝日＝三月六日【記念日】
祝日＝九月四日（移葬記念日）
ヴィテルボの守護聖人
図像＝磔刑像、書物、薔薇の花とともに

▼若くして世を去った聖女の死因は、一説に先天奇形（congenital anomaly）によるものという。

▼聖女の遺体が最初に埋葬されたポッジョの教会と、移葬先の（現）聖ローザ教会とは、百メートルほどの距離。また右ページ上に紹介されている聖ローザ修道院、聖ローザの家、聖ローザ教会の三者は互いに至近。

▼聖遺物を捧持しての祈禱行列は、聖女の没後ほどなく、一二五八年からはじまり、当初は聖女像を担いでいた可能性が高いという。

▼マッキナ Macchina（大燭台）ついての最も古い資料は一六八六年のもので、市博物館にスケッチが残るという。現行の「グロリア」（Gloria）は二〇一五年から登場している。

▼マッキナの屈強な担ぎ手たちはファッキーニ（Facchini di Santa Rosa）の愛称で親しまれている。
公式サイト＝ http://facchinidisantarosa.it

9/17

聖ヒルデガルト

リューデスハイム（ドイツ）

ぶどう畑に覆われた小高い丘の上に立つ聖ヒルデガルト女子修道院
聖女の生きた時代のロマネスク様式を摸して建てられた
一帯はラインワインの銘醸地として名高い

修道院のテラスから大河ライン、対岸ビンゲンを望む

ドイツの中央を流れるライン河は、スイスのアルプス山麓を水源に仏独の国境地帯、ドイツの中央を南から北へ流れ、オランダのロッテルダムで北大西洋に注ぐ。ライン河の中流、マインツからコブレンツの区間は、両岸の丘にワイン用のブドウ畑が続く。丘のあちらこちらに古城や修道院が見え隠れし、風光明媚な歴史地域としてロマンティック・ラインと呼ばれ、ユネスコの世界遺産にも登録されている。そのロマンティック・ラインのなかほど、マインツから三十キロメートル弱下ったあたりの右岸にあるリューデスハイムは、ライン河クルーズの基地、銘酒ラインワインの産地としても知られる。向背の丘にはぶどう畑が一面に広がっているが、その丘の中腹に、ベネディクト会の聖ヒルデガルト女子修道院が立っている。

聖ヒルデガルトは一〇九八年、ライン河中流のマインツから南へ約四十キロメートルの地アルツァイで、地方貴族の十番目の子として生まれた。八歳のとき、生地から約三十キロメートル離れたディジボーデンベルクで隠遁生活を送る修道女ユッタ・フォン・シュポンハイムに預けられて育ち、ユッタが亡くなると、ディジボーデン

記念日の特別ミサで挨拶する聖ヒルデガルト女子修道院長

ベルク女子修道院の院長に就任した。一一四一年、ヒルデガルトは神の啓示を受け、腹心の修道女の助けをかりて執筆を開始、この頃からさまざまな幻視を体験する。また典礼用の宗教音楽の作詞、作曲もこの時期に始めている。一一五〇年、修道院が手狭になったため、ビンゲンの小高い丘の上に女子修道院を新設、その修道院長となった。院長の執務、幻視に基づく執筆、作曲などの傍ら、ドイツの諸侯への巡歴説教や、皇帝フリードリヒ赤髭王への謁見など、晩年まで精力的に行動し、一一七九年、みずからが創立したビンゲンの修道院で帰天した。二〇一二年、ドイツ人のローマ教皇ベネディクト十六世から列聖され、女性として四人目の教会博士の称号を受けている。

聖ヒルデガルトが最初に興したビンゲンの修道院は、十七世紀前半の三十年戦争で壊されて現在は跡形もない。またその後リューデスハイム郊外のアイビンゲンに新設した修道院は十九世紀初頭まで存在していたが、ナポレオン一世がドイツに侵攻した際に廃院とされた。後にこの地方を支配したナッサウ公が地所を没収し、旧修道院跡に聖ヒルデガルト・洗礼者聖ヨハネ巡礼教会を築いた。

小さな村のプロセッションに千人以上が参加
聖遺物も教会で顕示された後、御輿に担がれて村を回る

巡礼教会前での特別ミサ――この日はリンブルク司教が駆けつけ司式

修道院の売店には「ドイツ薬草学の祖」として名高い聖女ゆかりの品々が所狭しと並ぶ
左上は聖女が栽培した薬草、香草などを原材料にした調味料各種

特別ミサの後、教会内の祭壇に聖遺物が顕示され、信者たちは崇敬に列をなす

この巡礼教会から丘をさらに一キロメートルほど上ったところにある聖ヒルデガルト女子修道院は、約百年前にチェコからきた修道女たちが、ビンゲンとアイビンゲンの修道規則を受け継いで新設したものである。現在も約五十名の修道女たちが日々修練している。

　記念日の前日、九月十六日の夕刻に、まず「光の祈り」がアイビンゲンの巡礼教会で開催される。翌日も巡礼教会前の広場に特設された祭壇で十時から特別ミサがある。聖遺物は特設の祭壇に顕示されたあと、特別ミサが終ると教会堂に移され、午後のプロセッション（祈禱行列）までの約三時間、堂内で一般信者たちからの崇敬を受ける。

　午後三時から始まるプロセッションまでの時間は、旧回廊の広場でコーヒー、ケーキ、ソーセージなどを楽しみながら信者同士の友好を深める歓談の場となる。巡礼教会の横には大きな墓地があり、お墓参りをする人も多い。時間になると、信者代表による聖ヒルデガルト賛美の朗読があり、つづいて司教、修道女、近隣から集まった千名以上の信者たちが参加するプロセッションがある。ドイツらしく、教会、信心会の大きな旗をなびかせながら、巡礼教会周辺を約一時間ほど行進する。

アイビンゲン、聖ヒルデガルト・洗礼者聖ヨハネ巡礼教会蔵

■聖ヒルデガルト（ビンゲンの）
Hildegard（独）Hildegardis（羅）
一〇九八―一一七九
祝日＝九月十七日
言語研究者、エスペランティストの守護聖人
図像＝書物、ペン、教会模型とともに
▼二〇一二年、ドイツ出身の教皇ベネディクト十六世により正式に列聖、同時に「教会博士」の称号を贈られた。「教会博士」は、聖人のなかでも特に学識にすぐれ、信仰を理解浸透させるに功の大きかった人物に与えられる称号で、これまでに三十五名が授けられている。女性の教会博士は四名で、ヒルデガルト以外の三名は、シエナのカタリナ、アビラのテレサ、リジューのテレーズ。
▼現在の修道院の一九〇四年九月十七日に祝別。聖遺物容器は一九二九年に制作されたという。
▼リューデスハイム Rüdesheim は「ラインの真珠」の異名で知られるライン下りの拠点。聖女が長年院長をつとめたビンゲンの修道院は、ちょうどライン川をはさんだ反対側、左岸の丘の上にあった。また修道院のあるアイビンゲン Eibingen は、現在はリューデスハイム市の一地区。プロセッションはリューデスハイムまでは下りずに、このアイビンゲンの周辺を巡行する。

9/19

聖ジェンナーロ

ナポリ（イタリア）

聖ジェンナーロの血が溶けたことをナポリ市民に示す
クレシェンツィオ・セペ大司教

ナポリ大聖堂正面

ナポリの守護聖人聖ジェンナーロは、聖遺物の血が吉凶を予見することで知られる。この血占いは年に三回、聖遺物がナポリに移葬された記念日である五月の第一土曜日、聖人の殉教記念日（九月十九日）、そして一六三一年のヴェスヴィオ山の大噴火のあった日（十二月十六日、三千人という犠牲者の魂の平安を聖人に願う）に行われる。この日はナポリ旧市街の中心部にある聖ジェンナーロ大聖堂で、特別ミサと、血が溶解したか否かの発表があり、ガラスの聖遺物容器に入った血が溶けた場合は吉、溶けない場合は不吉なことが起こる予兆とされる。その様子は、毎回テレビで放映され、ナポリ市民のみらず多くのイタリア人が固唾を呑んでこれを見守る。

聖ジェンナーロ（ラテン名ヤヌアリ

朝早くから大聖堂前に集まり、血占いの結果発表を待つ市民たち
堂内は立錐の余地もないほどの大混雑で、なかなか立ち入るのはむずかしい

ウス）は、三世紀後半に南イタリアのベネヴェント、もしくはナポリで敬虔なキリスト教徒の家に生まれ、長じてベネヴェント司教となった。あるときナポリに近いミセノで若い助祭と信者たちが捕られたのを知り、彼らを励ますために訪問したところ、他の助祭や信者たちと共に捕らえられ投獄された。聖人たちは信仰を放棄して改宗するよう強制されたがこれを拒否したため、煮えくり返った釜に放り込まれたが死なかった。次に円形競技場に連行され、中央に放置され野獣たちが放たれたが、動物たちはけしかけてもいっこうに牙を剝かず、怖気ついたナポリの総督は、ナポリ郊外の漁港ポッツォーリで聖人を斬首刑に処したという。ちなみにポッツォーリは、その二百五十年ほど前に、聖パウロがイタリアに初めて上陸した港でもある。遺体ははじめこの地に葬られていたが、殉教の百年後、墓を掘り返して遺体をナポリの地下墳墓に運ぼうとしたところ血が滴り、居合わせた信者の女性がこれを集めて保管しておいたところ、この血がヴェスヴィオ火山の噴火を止めるなど、さまざまな奇蹟を起こすようになったという。

しかし血の奇蹟が実際に文献に現れるのは十四世紀に

上：顕示台から血の入ったガラス容器を外す
下：聖ジェンナーロをかたどった聖遺物容器に血を近づけると、溶解が始まるという

聖人の血は、普段は信者の浄財で築かれた聖ジェンナーロ礼拝堂の金庫に保管されている

なってからであり、伝承と史実の間には約千年間の隔たりがあるため、奇蹟の信憑性を疑う声が繰り返しあがるのは無理もないところである。ヴァチカンもまたこれを正式な奇蹟として公認せず、民間信仰として扱うにとどめているが、ナポリ市民はそんな疑惑などどこ吹く風、年に三回の血占いの日になると、大聖堂前の中央通りは閉鎖されて市が立ち、旧市街の狭い小路は多くの人で溢れかえる。

ナポリの人々にとって聖ジェンナーロは、十六世紀のペスト、スペインやフランスとの戦争、十七世紀のヴェスヴィオ山の大噴火などから町を護ってくれた掛け替えのない聖人であり、大聖堂には市民たちの浄財によって、新たに聖ジェンナーロ礼拝堂が設けられたほどである。

一九三九年、一九四〇年には第二次世界大戦が始まり、一九四三年にはナポリがナチス禍に見舞われ、一九七三年にはコレラ発生、一九七六年は北イタリアのフリウリ大地震、一九八〇年には史上最大の地震災害といわれる大地震がナポリから遠からぬイルピーノで発生——と、聖ジェンナーロの血が溶けない年は大事件、大災害が起きている。ナポリ市民ならずとも、血占いの行方が気になるのは致し方ないところだろう。

ナポリ、大聖堂前通りの屋台の看板

■聖ジェンナーロ（ヤヌアリウス）

Gennaro（伊）Januarius（羅）
三〇五頃没
祝日＝九月十九日
ナポリ、ベネヴェントの守護聖人
執り成し＝噴火（ヴェスヴィオ火山）
図像＝血の入った二つの小瓶とともに

▼血の奇蹟について記録する最古の文献は一三八九年のもの。

▼最後に血が溶解しなかったのは、二〇一六年十二月。コロナ禍の下の二〇二〇年九月十九日の儀式でも、無事溶解が確認されたという。

▼血の奇蹟の祭事は五月と十二月にも行われるが、九月十九日のみ大聖堂の主祭壇で典礼がある。記念日のミサの前に、聖遺物容器に入った聖人の血は聖ジェンナーロ礼拝堂からプロセッションで主祭壇へ運ばれ、ナポリ大司教が確認、発表というのが基本的な手順。その後聖遺物は群衆が待つ大聖堂前まで運ばれ、ナポリ市民に発表、顕示される。

▼ニューヨーク、マンハッタンのリトル・イタリーで開催されるサン・ジェンナーロ祭も世界的に有名。こちらは聖人の祝日にこだわらず、九月中旬に十一日間にわたり開催、宗教的祭事というよりは、イタリア移民による縁日の雰囲気が強い。

10/15

聖テレサ

アビラ（スペイン）

アビラのシンボルというべき屈強な市囲壁を背景に
聖女テレサ像を担ぐ御輿が厳かに進んでゆく

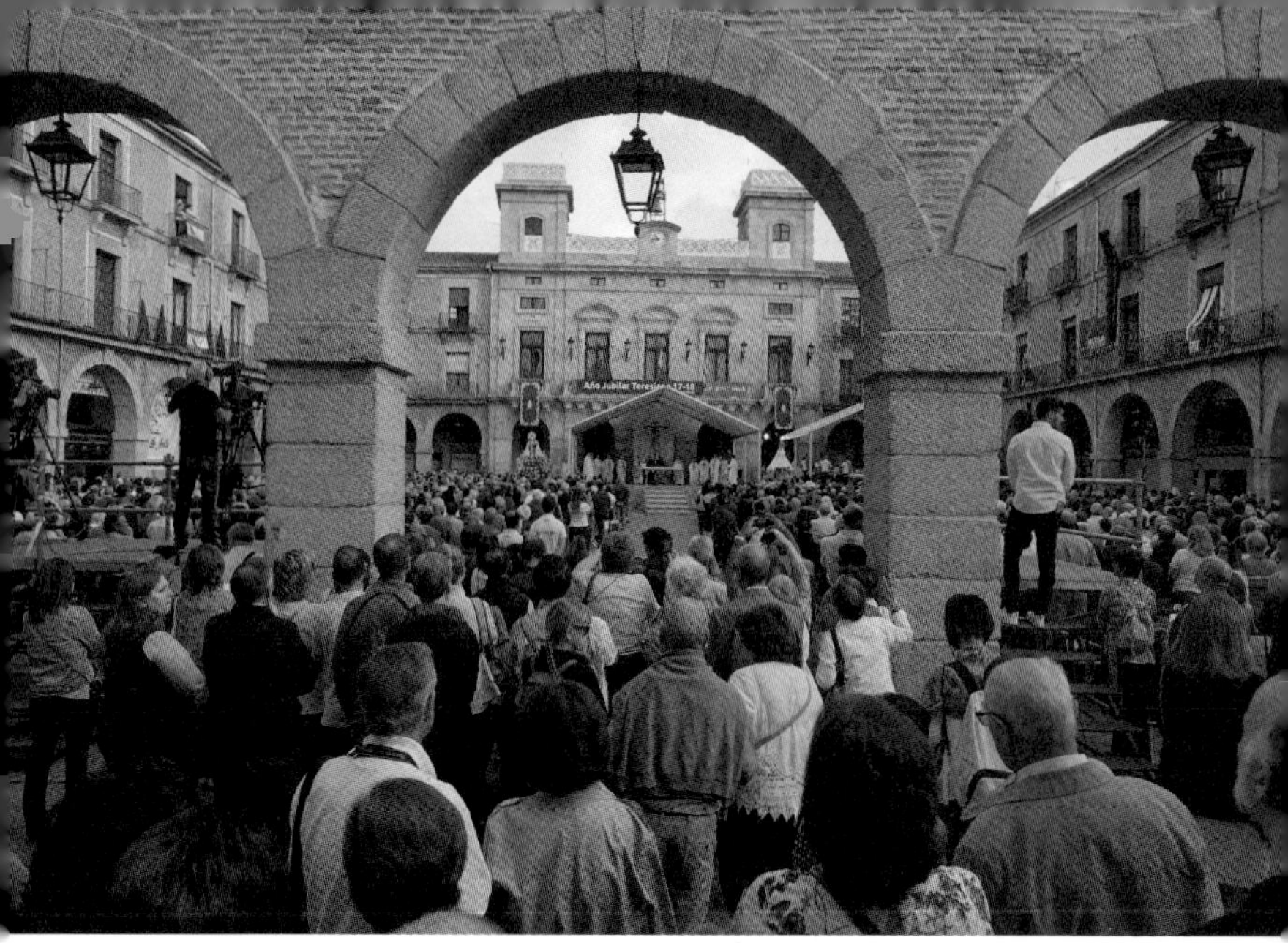

特別ミサのため市役所前広場に会場が特設されるが、それでも入り切れずに信者があふれてしまう

ローマの中央駅、テルミニ駅から繁華街ヴェネト大通りに向かって約十分ほど歩くと、勝利の聖母マリア教会がある。本来跣足カルメル会が聖パウロに捧げた教会であったが、一六二〇年ボヘミアでの宗教戦争でカトリック側が勝利したことから教会は聖母マリアに奉献され直した。外観は質素だが、堂内に入ると絢爛豪華な天井に目を奪われる。そして教会の左手の側廊には、バロック期の彫刻家ベルニーニ（一五九八—一六八〇）がその神秘体験を彫刻にした法悦の聖テレサ像がある。観光客に大人気の彫刻像で、ミサ中でも無神経に出入りして鑑賞しようとする輩が少なくなく、謹厳そうな司祭がミサの最中、何度か声を荒げて注意していたのを思い出す。

　十七世紀初頭、前教皇ウルバヌス八世から寵愛を受けていたベルニーニは新教皇から冷遇されると、コルナーロ枢機卿を新しいパトロンとして頼る。枢機卿はベルニーニに墓所を依頼したが、時あたかも聖テレサが聖フランシスコ・ザビエルらと共に列聖されたところで、教会のコルナーロ礼拝堂に、かの「法悦の聖テレサ像」が御

ミサは アビラ司教ヘスス・ガルシア・ブリオが司式

目見えすることとなったのである（一六五二年完成）。

聖テレサが生まれたスペインのアビラは古い歴史を擁し、紀元前六世紀頃の遺跡も発見されている。ローマ帝国の植民地となり、初期教会の時代には十二使徒の弟子たちも布教していた。イスラム教徒に占領された後、十二世紀末に国土回復運動《レコンキスタ》により解放されると、小高い丘の上の旧市街を防備するため、現在も残る厚さ三メートル、総延長二千五百キロメートルの屈強な市囲壁が約二百年の歳月をかけて築かれた。テレサが生まれたのは、市囲壁が完成し、新大陸も発見され、人々が新天地を求めて南米、中米へと渡った十六世紀初頭のことであった。

テレサは一五三五年、二十歳の時に高い志をもってカルメル会の門を叩いた。修道院で大病にかかって三年間病床に臥し、その間、信仰に対する疑問を覚えつつ祈りと瞑想に没頭していた折、ベルニーニに霊感をもたらした、かの神秘体験を得たという。

一五六〇年、カルメル会の聖母の祝日（七月十六日）に、原始会則による生活を目指したカルメル会の改革を思い

上：聖母マリアへの崇敬が篤いスペインらしく聖母マリアの御輿も参加
下：旧市街に戻った御輿は、聖女ゆかりの教会や修道院にも立ち寄る
後方に聖女が洗礼を受けた洗礼者聖ヨハネ教会の鐘楼が見える

記念日の前夜にも
ライトアップされた御輿が旧市街を巡る

教会前の聖テレサ像
左は郊外のエンカルナシオン修道院教会、右は旧市街のイエスの聖テレサ教会

立つと、一五六二年「女子跣足カルメル会」を創立、アビラ郊外に聖ヨセフ（サン・ホセ）修道院を創設、十数人の修道女と共に清貧と神への献身に専念する生活を始める。その教会改革に反対する人も多くいたが、十字架の聖ヨハネなどの協力を得て、生存中に十七の修道院を築き、十六世紀における教会改革の原動力ともなった。

記念日の十月十五日、アビラでは市役所前広場で十時から特別ミサが行われる。会場にはスペイン内外から多くの信者、巡礼者が来場し、広場に入りきれない信者が出るほどである。特別ミサの後、信心会の御旗に先導され、スペイン軍の兵士に護衛された御輿は、忘我の表情の聖女像を載せ、狭い小路が続く旧市街を練り歩く。その後、一旦城壁外に出たのち旧市街に戻り、生家跡に築かれた聖堂、修道院に立ち寄る。御輿が通る沿道には鈴なりの人が詰めかけ、聖女テレサに対するスペイン人の熱狂的な崇敬を改めて目の当たりにした思いがした。アビラは、スペインでも数少ないほぼ完全な形で残った城壁と聖女の町としてユネスコの世界遺産に登録されているが、聖女テレサが最初に入ったカルメル会修道院（御《エンカ》托身《ルナシオン》女子修道院）は、城壁の外、小高い丘の麓にある。

「法悦の聖テレサ」 ベルニーニ作、1652年
ローマ、勝利の聖母マリア（サンタ・マリア・デッラ・ヴィットーリア）教会、コルナーロ礼拝堂

■聖テレサ（アビラの）

Teresa（西伊英） Theresa（羅英） Thérèse（仏）
Theresia（独）
一五一五―一五八二
祝日＝十月十五日【記念日】
一六二二年列聖、一九七〇年には女性として初めて教会博士の称号を贈られた
アビラ、カルメル会、スペインの文筆家の守護聖人
執り成し＝頭痛、心臓の痛み、病気
図像＝ペン、書物、鳩、射抜かれた心臓とともに

▼カルメル会の改革者で、神秘思想家として多くの著作を遺し、イエスのテレジア（Teresa de Jesús）とも、またリジューのテレーズ（小テレサ）と区別して「大テレサ」と呼ばれることもある。

▼祭事で御輿に載せ運ばれる聖女像は、十七世紀半ばに創設のイエスの聖テレサ教会（右頁右上図）に安置されているもの。

▼アビラ *Avila* はカスティーリャ地方、マドリードから北西へ九十キロほどのところ。十六世紀に聖テレサや十字架の聖ヨハネがこの地に住み「城壁と聖人の町」などと称された。

▼アビラの銘菓に、Yemas de Santa Teresa（聖テレサの卵黄）という聖女の名を冠したレモン味の卵菓子があり、とりわけクリスマスの時期に人気。

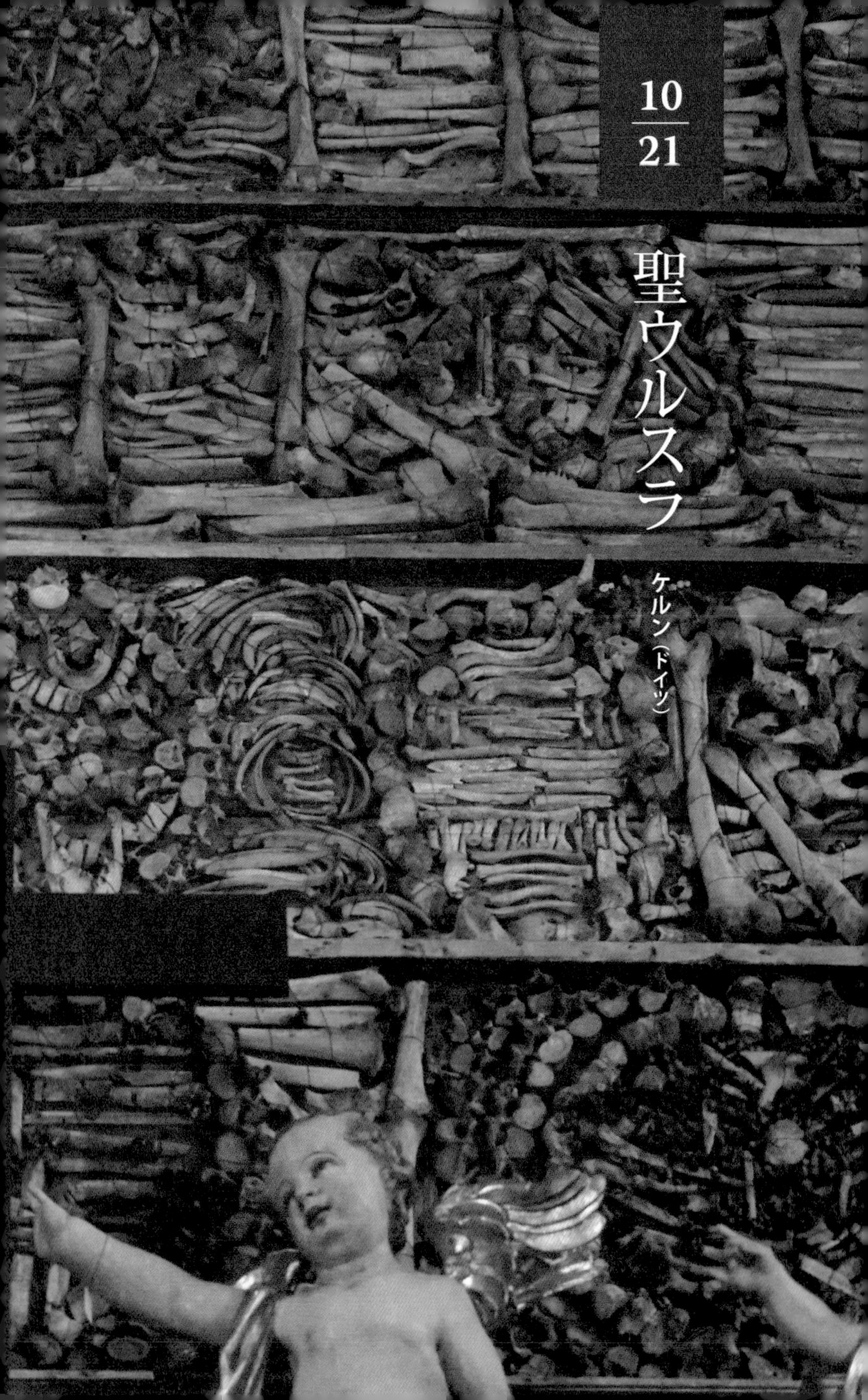

10/21

聖ウルスラ

ケルン（ドイツ）

初代教会時代から黄金や宝石以上に価値があると
珍重された人骨で覆われた聖具室「黄金の間」
教会付近から出土した夥しい人骨は
「一万一千人の殉教」伝説を後押ししたことだろう

聖ウルスラ教会で夕方から始まる晩禱は、パイプ・オルガン演奏から始まった

世界で最も高い大聖堂の尖塔があるケルンは、ライン河の中流に位置しヨーロッパの河川交通の拠点だ。歴史も古く約二〇〇〇年ほど前のローマ帝国時代に起源を遡り、町の名前もローマ帝国の植民地（コローニア）に由来する。

列車でケルンに到着し、中央駅を出ると目の前に高さ一五七メートルの大聖堂の尖塔が迫ってくる。その偉容をやり過ごしつつ街を歩いていると、上部に赤を背景に金色の三つの王冠、その下に白地に黒いオタマジャクシを描いたような旗やワッペンを見かける。十六世紀半ばからケルン市が使用している紋章だ。三つの王冠は、大聖堂にもその聖遺物が顕示されている東方の三博士の王冠を示し、下の十一の黒い意匠はケルンで聖女ウルスラとともに殉教した処女たちを表す炎だ。殉教した従者の人数には諸説があり、十一人とも、その千倍の一万一千人ともいわれるが、その数がどうであれ、この意匠をもってウルスラとその従者たちを示しておく、ということらしい。

聖ウルスラは、四世紀頃にブリテン島の王族の娘として生まれ、十世紀頃からの伝説によれば、異教の王子と

記念日の祈禱行列――聖遺物を先頭に修道士、信者たちが続く（左端はケルン市の紋章）

婚約すると三年間の猶予をもらい、従者たちとローマへの巡礼を企てる。ローマで教皇と会い、再びアルプスを越え、バーゼルからライン河を船で北上し帰途についたが、当時ライン河中流地域をフン族が占領しており、聖女たちはケルン周辺でフン族の襲撃を受け、弓矢で身を貫かれて殉教したという。この伝承は多少とも形を変えながら『黄金伝説』などを通じてヨーロッパ全土に広く伝播し、やがてドイツ、英国のみならずイタリア、スペインなどでも聖ウルスラ崇敬が始まった。

十五世紀の大冒険家コロンブスは、大西洋とカリブ海の境界あたりの海域で発見した島々のうち、一番大きい島を聖ウルスラ島、小さな島々を殉教処女たちの島、ヴァージン諸島と命名した。多くの女性を率いて指導したとの伝承から女子教育とも縁が深く、十六世紀にイタリアで創設された聖ウルスラ修道会は、少女教育を主たる活動目的として今日まで活動を続けており、日本でもカナダ系の支部が聖ウルスラ学院を運営している。

聖女の記念日（十月二十一日）の夕刻、大聖堂から徒歩十分のところにある聖ウルスラ教会で特別ミサがある。ドイツらしい荘厳なオルガン曲が石造りの堂内に響き、

ケルンといえばカーニバル。聖堂近くに住むカーニバル団体の会長が御輿担ぎを買って出て
派手なロココ・スタイルの軍服でプロセッションに花を添える

教会の重々しい塔の周囲を、帆に聖ウルスラと従者たちを示す11の黒斑を描いた帆船が一巡り

「黄金の間」——約 600 の頭蓋骨、千人以上の人骨をモザイク風に組み合わせている
棚の聖像は聖遺物容器（中央が聖ウルスラのもの）

聖歌隊、信者たちが聖歌を唱和する。信者代表二名が聖書を朗読。司祭の聖ウルスラに纏わる講話の後、木製の船型の御輿が、華麗なロココ様式の軍服を身に纏った人たちに担がれて主要祭壇前に運ばれる。聖遺物を顕示した御輿を先頭に、司祭、そして信者の人たちが続き、堂外へ出ると、周囲を半時間ほど行進して戻ってくる。

この聖ウルスラ教会には、信者のみならず教会を訪問する人が必ず訪れる部屋がある。部屋の四面の壁が床から天井まで一面人骨で飾られていることから、「黄金の間」と呼ばれている聖具室だ。十七世紀半ばに聖堂の大改築を行った際に、九世紀にこの近くで発掘されていた人骨で壁を飾り、聖具室として使用するようになった。日本人には考え難いが、人骨は初代教会時代から奇蹟を起こす特別の効能があると信じられ、「黄金の価値」があったのである。教会が建っているあたりは、ローマ帝国時代は城壁外だったので墓地として利用されており、そのために付近の地中から数千体の人骨が発掘されたのであったらしい。しかしこの夥しい数の人骨は、聖女につき従った処女たちの数を「一万一千人」と信じたい人々の背中を、さぞかし力強く押したことだろう。

聖ウルスラと処女たち
1515-20年、オーストリア、リンツ博物館蔵

■聖ウルスラ

Ursula（独羅英）Orsola（伊）Ursule（仏）

四世紀頃（?）

祝日＝十月二十一日【記念日】

ケルンの守護聖人

女子教育・女性教師・若い女性の守護聖人

図像＝冠、矢、小舟とともに

▼聖女の名を冠した修道会には、本文中にある聖ウルスラ修道会のほかに、やはり十六世紀のイタリアで創設された「聖心のウルスラ宣教女修道会」がある。

▼殉教した従者の数が「一万一千」とされることについては、九世紀の文献に「十一人の殉教者」の意味で記されたXIMのM（殉教者）をローマ数字の千と読み違えたものという説もある。

▼聖女の聖遺物容器については、H・メムリンクがパネルの絵（聖女伝の諸場面）を描いている、ブリュージュの施療院（現メムリンク美術館）旧蔵の美しい家型聖遺物匣（十五世紀）も有名。

▼ケルンといえばカーニバルだが、御輿の担ぎ手たちが着ている派手なロココ・スタイルの軍服は、当地のカーニバルの仮装としてよく知られたもの。十八世紀末からケルンを占領したナポレオン軍の軍服を揶揄したものという。

11/6

聖レオンハルト

バート・テルツ（ドイツ）

お揃いの民族衣装を着て、花綱で飾られた馬車に乗り
聖歌を歌いながら礼拝堂に向かうバイエルンの女性たち
11 月上旬には雪が舞い始めるアルプス山麓では
狐のマフラーは必須のアイテム

礼拝堂前で高らかにファンファーレを吹く

ドイツ語ではバートはお風呂を意味し、バートのあとに地名が来ると温泉地となる。ドイツ南部の主要都市ミュンヒェンから約三十キロメートル南下したアルプス山麓に、温泉地バート・テルツがある。アルプスを水源とするイザール川が町の中央を流れ、左岸に温泉・保養施設、右岸に旧市街が拡がる人口二万人ほどの町だ。近隣はアルプス山麓の酪農地帯、緑深い丘陵で牛たちがのどかに牧草を育んでいる。しかしその牧草地の背後には、標高三千メートル近いアルプスの山並みが突然、屏風のように聳り立つ。このバート・テルツでは毎年十一月六日、レオンハルトの騎行（騎馬行列）と呼ばれる祭事が営まれる。中部フランスの陶磁器の町リモージュ近くのノブラに修道院を創設した、聖レオンハルトの記念日を祝うものだという。

レオンハルト（ラテン語名レオナルドゥス）は、五世紀末に生まれ、フランクのクローヴィス王の宮廷に仕えた。当時のランス司教聖レミギウスより洗礼を受けてキリスト教に改宗し、その後、投獄されていた囚人の処罰を決める役目につくと、多くの無罪の人を解放した。王は、徳の誉れ高い聖人を司教に推挙したが、本人はこれを断

丘の上の広場は、約80台の馬車の大駐車場に

りオルレアン近郊ミシーの修道院で修行、さらに中仏リモージュ近くの森で数名の弟子たちと隠修生活を送った。世継ぎに恵まれなかったフランス王の后に嫡子が生まれるよう祈願し、これを成就させたことからリモージュ近くのノブラ（現サン・レオナール・ド・ノブラ）の地を拝賜し、同地に修道院を築いた。こうした伝承から中世後期以降、とりわけアルプス以北のバイエルン、オーストリア、チエコなどを中心に篤く崇敬されるようになり、囚人や妊婦の守護聖人として、また家畜の守護聖人として人気を博し、十四救難聖人の一人に数えられている。

　聖人の記念日、バート・テルツではまず左岸の温泉地区に、参加する近隣の農民たちが馬車に乗って集合する。行列は十八世紀後半から始まったが、馬車が延々と行列する、現在のような大がかりな祭事となったのは、一八五六年からだという。

　聖レオンハルトの像や聖画を描いた伝統的な馬車が花綱で飾られ、農家の娘たちはバイエルン地方の民族衣装を着、首にはキツネの襟巻を巻いてこれに乗り込む。九時の鐘音が鳴り響くと約八十台の馬車が、対岸の「カルヴァリオの丘」の上の聖レオンハルト礼拝堂を目指して

上：カルヴァリオの丘教会（右）と聖レオンハルト礼拝堂（左）
下：綱で飾り立てた馬車に女性たちを乗せ、礼拝堂を目指す

上：街の中央をイザール川が流れる。騎行の列は右手の温泉街から左手の旧市街へと進む
下：冬の民族衣装には狐のマフラーが定番、男性は革の半ズボンにチロルハット

礼拝堂のある「カルヴァリオの丘」に作られている十字架の道行きの留

出発する。急勾配の丘には十字架の道行きの留《りゅう》が作られ、信者たちはイエスの受難を想起しながら徒歩で頂きまで登るので、この名で呼ばれるようになったのである。

馬車行列はイザール川を渡り、旧市街の中心地マルクト広場を通り、広場に特設された観客席に一礼をしたのち、大きく迂回しながら狭い坂道を上って行く。約二時間かけて全馬車が丘の上に到着すると、聖レオンハルト礼拝堂は小さいので、前の広場で野外の特別ミサが行われる。ミサが始まると、馬車や馬に乗った人々が次々と礼拝堂前の野外特設祭壇まで来ては、聖遺物に祈禱を捧げてゆく。一般参加の信者たちもまた多くはバイエルンの民族衣装を着て参加しており、南ドイツの人々の郷土愛を強く感じる祭事である。ミサが終わると、農民たちは再び馬車に乗って丘を下り、マルクト広場から帰路の大通りに向け、車輪の音を響かせながら全速力で走り抜けて祭りを締めくくる。

聖レオンハルト礼拝堂入口上部、1722年

■**聖レオンハルト**（ノブラの）

Leonhard（独）Leonardus（羅）Léonard（仏）Leonardo（伊西）Leonard（英）

三世紀頃没

祝日＝十一月六日

産婦、捕虜、農民、馬、家畜の守護聖人

図像＝手枷、鎖、家畜とともに

▼聖人は捕虜の支援と解放に力を注いだといわれ、祈りによって鎖が砕け捕虜が救われたとする奇蹟譚が多く伝わっている。

▼聖人が修道院を建てた地ノブラ Noblac は、現在はサン・レオナール・ド・ノブラ Saint-Léonard-de-Noblat と改称。ロマネスク様式の教会が残る。

▼ラインハルト騎行は、ここで紹介したバート・テルツ Bad Tölz 以外にも、バイエルンからオーストリア西部にかけての、総計百を超える市町村で行われており、記録に残る最古の例は一四四六年にまで遡るという。それらのなかで最も規模が大きく華やかなバート・テルツの騎行は、二〇一六年にはユネスコの無形文化遺産にも登録されている。他ではクロイト Kreuth やシュリアゼー Schliersee のものが歴史も古く有名。

公式サイト＝ https://www.bad-toelz.de/de/kultur-veranstaltungen/tradition-und-brauchtum/leonhardi.html

11/11

聖マルタン

トゥール（フランス）

トゥールでは蠟燭行列に先立ち、
聖ガティアン大聖堂の聖マルタンの祭壇前で、
子どもたちも参加しての特別ミサがある
祭壇画はジャン・ヴィクトール・シュネッツ作（1828年）

フランス王家の篤い庇護もあった聖ガティアン大聖堂が提灯・蠟燭行列の出発点

フランスやドイツのぶどう畑の周辺を歩いていると、路傍や辻などでイエス像や聖人像を見かけるが、時としてそれらに混じって、寒そうにしている貧者にマントを与える騎士マルタンの像に出くわすことがある。

聖マルタン(ラテン語名マルティヌス)は、四世紀初頭、ウィーンから百キロメートルほど南のパンノニア(現ハンガリー)でローマ帝国の軍人の息子として生まれた。十五歳の時に父に伴い北イタリアのパヴィアに行き、ローマ軍の兵士となった。入隊した軍団がフランス北部のアミアンに派遣されたときのこと、軍門の前で寒そうにしていた貧者にマルタンは、自分が来ていたマントを半分切って渡した。その夜の夢の中で貧者がイエスとなって現れ、それを機にキリスト教への改宗を決意するが、このとき貧者に与えたマントもまた、後に大きな意味を持つことになる。聖人はロワール河に臨むトゥールで司教に叙任され、帰天後トゥールに墓廟が築かれたが、そこに割いたマント(ケープ)を顕示したことから、カペレ(チャペル)という言葉が生まれたのである。代々のフランス王家はケープを至宝として譲り受け、フランスの最初の王朝はケープからカペー朝と呼ばれるようになった。

幼い子どもたちも夜遅くまで行列に参加

マルタンは、ハンセン病の患者を癒し、死者を復活させ、盲《めし》いた者の目を見えるようにし、また病に伏した際には天使たちと聖母マリアの出現を幻視するなど、様々な奇蹟が伝わっているが、自らの信仰生活を実践することを強く願い、トゥールの近郊に西欧で初めて修道院活動を始めたという。数々の徳行、慈悲の人としても広く知られ、殉教の血を流さなかった初めての聖人となった。

聖人の記念日、十一月十一日は中世の暦では収穫が終わり、冬が始まる季節の変わり目を意味した。現在もクリスマスまでの「四十日期間」(復活祭前と同じく四旬節と呼ぶ人もいる)の始まりで、ドイツ、スイスのドイツ語圏の地域ではこの日、マルティンス・ガンス(鵞鳥)を食べる習慣がある。司教に推挙された聖人がそれを拒んで雲隠れしていたところ、鵞鳥が鳴いたせいで居所が発覚したといい、憎き鵞鳥(?)は丸ごと食べてよし、となったとか。

ちなみに二十世紀に入っても、独仏ともに聖人への崇敬なお篤く、第一次世界大戦の休戦条約も、軍人であった聖マルタンの記念日を選んで締結されている。

聖マルタンは、貧者に施し、世に光を与えたことから、

MARTIN
TOURS
SAINT
DE

上：教会近くの広場には屋台が立ち深夜まで賑わう
下左：騎乗の聖マルタンが提灯行列を先導／下右：提灯行列は年に一度の子どもたちの夜の楽しみ

行列はトゥールの繁華街の中央にある聖マルタン教会に到着、21時から特別ミサがあ

大きな聖マルタン・タルトも

11月半ばには鵞鳥も脂がのり……

「古い靴下」と呼ばれるローカル・スィーツ

時節柄、聖人の祭事は美食・飽食と結びつきがち……

ロワール河・ライン河沿岸の各都市では、聖人の祭事を提灯・蠟燭行列で祝う。聖人が司教を務めたトゥールでは、記念日の前日、聖ガティアン大聖堂での晩禱に多くの人々が集まり、子どもたちの聖歌隊によるコンサートに続いて、中心街にある聖マルタン教会までの約一キロメートルを提灯行列する。行列を先導するのは聖マルタンに扮する若者で、ローマ軍人風の出で立ちで馬上におさまり、ゆったりと馬をすすめてゆく。目的地の教会近くのシャトーヌフ広場には屋台が立ち並び、聖人の記念日を夜遅くまで祝う。

　聖人は十一月八日、トゥールからロワール河を約五〇キロメートルほど下った地、カンドで帰天した。遺体はカンドからロワール河を船で遡り、三日後の十一月十一日、トゥールに到着した。通常、晩秋のロワール地方は暗い曇天の日々が続くが、聖人の遺体を載せた船が航行中は、沿岸には花々が咲き乱れた。それ以来、フランスでは秋の小春日和を「聖マルタンの夏《エテ・ドゥ・ラ・サンマルタン》」と呼ぶようになったという。

13世紀の写本、パリ国立図書館蔵（Ms. n.a. fr. 16251, f.89）

■聖マルタン（トゥールの）

Martin（仏独英西）Martinus（羅）Martino（伊）

三一六頃―三九七

祝日＝十一月十一日【記念日】

フランスの守護聖人

兵士、仕立屋、乞食、家畜、ワインの守護聖人

図像＝剣、マント、乞食、鵞鳥などとともに

▼記念日は農事暦でいう冬迎えの日、節季日にあたっており、様々な伝統行事が各地で営まれる。季節柄、ワイン祭りの「主役」となることも多い。

▼殉教地カンド・サン・マルタン Candes-Saint-Martin はロワール川とヴィエンヌ川の合流地点にあり、聖遺物がトゥールに去ったのちも巡礼地として名声を保った。一二〇〇年頃に建て替えられたというサン・マルタン教会が今も残る。

▼トゥール近辺の聖人ゆかりの建物は、火災、十六世紀の宗教抗争、フランス革命などによりほとんどが失われ、マルムティエ修道院に安置されていた聖遺物のマントも、サン・マルタン教会の墓所に納められていた聖遺骨も散佚したままである。現在のサン・マルタン教会は普仏戦争後の一八八六年に建設開始、一八九〇年に完成したもの。

▼ライン河沿いの大都市でも当地に似た祭事あり、デュッセルドルフ、フランクフルトなどが有名。

冬

HIEMS

St. Nicolaus

St. Caecilia

St. Lucia

St. Stephanus

St. Antonius

St. Sebastianus

St. Agnes

St. Vincentius

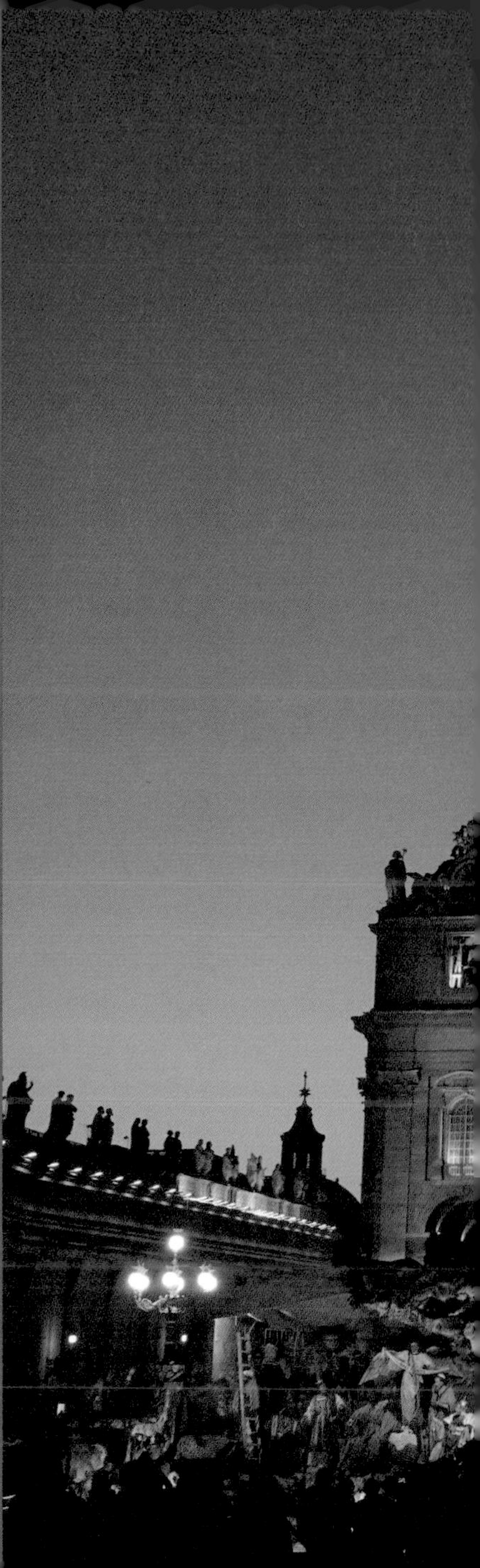

11/15

サンタクロース

アムステルダム（オランダ）
サン・ニコラ・ド・ポール（フランス）

アムステルダムでは早くも11月半ばに、
サンタが船に乗ってやってくる
しかもスペインから、400名のお供を連れて——

海洋博物館前に上陸後、早速インタビューを受けるサンタクロース。到着の様子はTVで生中継される

サンタクロースがやってくる日は、意外にも国や地域によって違う。到着が一番早いのは、オランダ、ベルギーなどのベネルクス諸国で、聖マルタンの記念日（十一月十一日）が終わった週末に、スペインからやってくるという話になっている。出発地を聞くとおや、という感じがするが、長い間スペインに統治され、オランダ独立戦争、三十年戦争を経て十七世紀半ばに独立を勝ち取ったこの地の歴史が背景にあるらしい。

サンタが最初に上陸するのは、ベネルクス諸国最大の港湾都市アムステルダム。毎年蒸気船に乗って大運河を航行し、日曜日の正午頃、港に面した海洋博物館の船着き場から上陸する。運河の岸には、朝早くから子どもたちが鈴なりになって、今か今かと船を待ちわびる。

サンタクロースは、何艘もの小舟に先導され、約四百名（！）の従者ピートを従えて入港し、「スペイン号」の船上から子どもたちの熱狂的な歓声に手を振って応える。従者たちは、皆、顔に煤をつけて黒い顔にしている（この点はしばしば人種問題の観点から問題視されており、やがてピー

約400人のピートたちは3艘に分かれてサンタクロースを護衛

トたちは煤を塗らなくなるかもしれない）。上陸したサンタクロースは、午後からアメリゴという名の白馬に跨り、市中を約二時間にわたって行進する。沿道いっぱいに集まった子どもたちは、ピートたちからお菓子やオレンジをもらい、ステッカーに自分の名前を書いてもらうと、それを胸に張ってご満悦だ。サンタクロースは、ギリシア語で勝利（ニキ）の民衆（ラォス）を意味する聖ニコラウスが、オランダ語でシンタクラースとなり、大西洋を渡ってオランダの植民地ニューアムステルダム、現ニューヨークに伝わり、サンタクロースとなった。名前だけでなく服装や細かい「設定」なども また現地の諸事情にあわせて変化していくのもおもしろい。

聖ニコラウスは二七〇年頃、現トルコ、アナトリア半島の港町パタラに生まれた。弱者を助け、数多くの奇蹟を行い、伝説の一つに、娘たちを身売りさせせようとしていた貧しい商人に、お金を密かに窓から投げ入れ、娘たちの結婚持参金を用意したというものがあり、この逸話がいつしか、サンタクロースのプレゼントに変わってい

午後には愛馬アメリゴに乗って市中をパレード

沿道の子どもたちはプレゼントを入れる袋を持って
従者ピート（ズワルトピート＝黒いピート）たちの到着を待ちわびる

村には不釣り合いな大教会がサン・ニコラ・ド・ポールの中心に聳え立つ

ったらしい。四世紀半ばミュラ（現トルコのデモレ）の司教となり、その地で帰天し、墓廟が作られていた。聖ニコラウスへの崇敬は、六世紀にコンスタンティノープルに献堂された最初の聖ニコラオス教会から始まった。正教会では聖ニコライと呼ばれ、聖母マリアに次ぐ二番目に重要な聖人だ。カトリック世界には八世紀に伝わって崇敬が始まり、十一世紀にミュラがイスラム教徒に占領されると、聖ニコラウスを守護聖人としていたイタリアの船乗りたちが遺体を南イタリアのバリに移した。その後、ヨーロッパ各地に聖遺物が分納され、聖ニコラウスの教会が各地に建てられた。イタリア、フランス、ドイツの子どもたちは、オランダより少し遅れて、十二月六日の聖人の記念日にプレゼントをもらうことが多い。

フランス北東部、ロレーヌ地方の中心都市ナンシーの近郊に人口一万人にも満たないサン・ニコラ・ド・ポール（港の聖ニコラウス）という名の小さな村がある。ここでは聖人の祝日に近い週末に、祭事が開催される。一〇九三年、ロレーヌ地方から聖地回復のために十字軍に参

夜の堂内プロセッションの前には、市中でサンタクロースのパレードも

加していた騎士が、聖地からの帰路、バリに移されていた聖ニコラウスの遺骨の一部を持ち帰って奉納したことから、村は聖ニコラウスの巡礼地となった。この聖遺物が数々の奇蹟を起こしたことから聖人への崇敬は熱を帯び、皇帝、王、女王なども巡礼するなど、村は突然ヨーロッパでも屈指の巡礼地となった。一四二九年二月、ナンシーでロレーヌ公シャルル二世と会う前に、フランス救国の乙女ジャンヌ・ダルクもこの地の教会を訪問し、旅の無事と連戦の勝利を神に執り成してくれるよう、聖ニコラウスに祈願している。十六世紀はじめには、フランスで最も高い八十七メートルの双塔を有する大教会となったが、十七世紀前半の三十年戦争で破壊され、現在の教会はその後に再建されたものという。

聖人の祭事がある週末、町の中心の広場にはクリスマス市が立つ。フランス北東部のヴォージュ山地は冬の寒さがひときわ厳しく、肌を刺すような冷気が身を凍えさせるなか、名物のパン・デ・エピス(香料入りパン)、北方のクリスマス市には欠かせない香料入りのヴァン・ジョ

上：堂内側廊の聖ニコラウス礼拝堂の前を蝋燭行列が歩む
下：司教姿の聖ニコラウス像が御輿に

上：聖ニコラウスの聖遺物を担ぐ鉱山労働者たち／下：堂内には子どもたちの顔も目立つ。左上はルネサンス風の仮装、左下のガールスカウトたちは守護聖人に祈りを捧げている

左：お燗をしたヴァン・ショは寒いマーケットの必需品／右上：聖ニコラウスが描かれたパン・デ・エピス／右下：聖ニコラウス型のチョコレート

(ホットワイン)、焼き栗などを売るスタンドが立ち並ぶ。特設舞台も造られ、聖歌のコーラス隊、ゴスペルを歌うグループ、ブラスバンドなどが演奏を披露する。

土曜日の夕刻には、サンタクロース(聖人とは別に!)の登場するパレードもあるが、ハイライトは、聖ニコラウス教会内で二十時から始まる光のプロセッションだ。堂内で特別ミサが行われた後に、通常は主祭壇に顕示されている聖ニコラウス像や聖遺物容器を御輿にのせて、ニコラウスを守護聖人としているボーイスカウトの学生たちをはじめ、各種団体の代表たちが担いで回る。そのあとを子どもたちを含めて約四千名の信者たちが、手に手に蠟燭をかかげ、聖人に捧げる賛歌を声高に叫びながら、感謝の気持ちを込めて何度も何度も堂内を回る。堂内いっぱいに轟く連禱と熱気に包まれた感動的な光のプロセッションは、約一時間続く。聖ニコラウスを守護聖人とする消防士や鉱夫たちも真剣なまなざしで御輿を担ぎ、篤い信仰心が感じられる感動的なプロセッションだった。

サン・ニコラ・ド・ポールの市中パレードに、
聖人とは別枠で登場の「サンタクロース」

■サンタクロース

Santa Claus（英）Sinterklaas（蘭）

原形となったオランダの「シンタクラース」は語源的にはシント・ニコラース Sint-Nicolaas（聖ニコラウス）の転訛だが、本文にある通り、明らかに聖人とは別様の属性や背景が設定されており、（本書では便宜的に聖人を含めての見出しとしたが、本来は）「聖ニコラウス」とは一線を画す存在と考えるべきか。

■聖ニコラウス（ミュラの）

Nicolaus（羅）Nicolas（仏）Nicòla（伊）Nichclás（西）Nikolaus（独）／四世紀頃

祝日＝十二月六日【記念日】

子ども、水夫、パン屋、旅人、囚人などの守護聖人

▼いうまでもなくキリスト教の聖人としても人気が高く、伝統的な宗教行事としてこの日を祝う例は枚挙に暇がない（海上渡御があるイタリアのバリ、スイスのフリブールなどが有名）。また一方、異教の子脅しの風習と習合するなど、（サンタクロースに限らず）土地の習俗と独特の親和性をみせる聖人でもある。

▼アムステルダムの祭事は Sint in Amsterdam の愛称で親しまれ、一九三四年から続く。

参考サイト＝ https://www.sintinamsterdam.nl

▼サン・ニコラ・ド・ポール Saint-Nicolas-de-Port は北フランス、ナンシーの南東約十二キロ。

11
22

聖チェチリア

ローマ（イタリア）

特別ミサはシスティナ礼拝堂専属男性合唱団の聖歌で始まる
森閑とした堂内に音吐朗々とした歌声が響き渡る

ローマのトラステヴェレ地区にある聖チェチリア教会

ヴァチカン市国はテヴェレ河を挟んでローマの旧市街の対岸に位置する。その教皇のお膝元の南側に、庶民の町トラステヴェレ地区がある。曲がりくねった狭い小路にトラットリアなどがひしめき、古き良きローマの風情がある。ローマっ子からも観光客からも人気の地域だ。そのトラステヴェレ地区に音楽の守護聖人、聖チェチリアの聖堂がある。九世紀に教会が建てられた時、かってその場所に邸宅を構えていた一族の名前にちなんで聖カエキリア（チェチリアのラテン名）と名づけられた。

聖チェチリアは、教皇ウルバヌス一世の時代、二〇〇年頃にローマの裕福な貴族の娘として生まれた。両親が決めた婚約者がいたが、結婚式の日に夫となるヴァレリアヌスに、自分は天使に護られて一生涯処女であることを告げた。それでも結婚してくれるならば、郊外のアッピア街道に居るウルバヌス老人（後の教皇）のところに行き、浄めてもらうよう告げた。ヴァレリアヌスは老人と会い、キリスト教に改宗して洗礼を受けた。そして聖女の元に戻ると、天使が現れ二人に百合と薔薇の冠を与えた。ヴァレリアヌスは弟ティビュルシスも改宗させ、多くの殉教者たちの遺体を墓に葬っていたために官憲に

特別ミサを司式するのは、グアルティエーロ・バセッティ聖チェチリア教会専任枢機卿

逮捕され、斬首された。チェチリアも後日捕えられ、自宅の風呂で蒸し殺しの刑に処されたが、一日経っても死なず、怒った長官は殴打を繰り返して信者たちの見せしめにした。しかし聖女は逆に信者たちを励まし続け、最後は斬首の刑によって帰天したという。遺体はもともとは、ローマ南部にある禁教時代の最大級の地下墓所、カリストのカタコンベに埋葬されていたらしい。

八二一年、教皇パスカリス一世は聖遺物をカタコンベから聖チェチリア教会に移葬し、教会も改築した。聖女への崇敬は、すでに六世紀頃から始まっていたとされるが、音楽の守護聖人としての聖チェチリア崇敬は十五世紀末頃から始まったようだ。十三世紀に書かれた黄金伝説に、婚礼に際し楽器が鳴り響く中、聖女が主に向けて賛歌をうたった、という記述があり、これが契機となったらしい。ラファエロも一五一五年頃に各種の楽器と共に聖女を描いているので、十五世紀後半には音楽の守護聖人として崇敬が始まっていたと思われる。

一五八五年、教皇シクストゥス五世がローマに音楽学校を設立した際には、聖チェチリアと聖グレゴリウス一世を守護聖人に仰いでいるので、この頃には音楽の守護

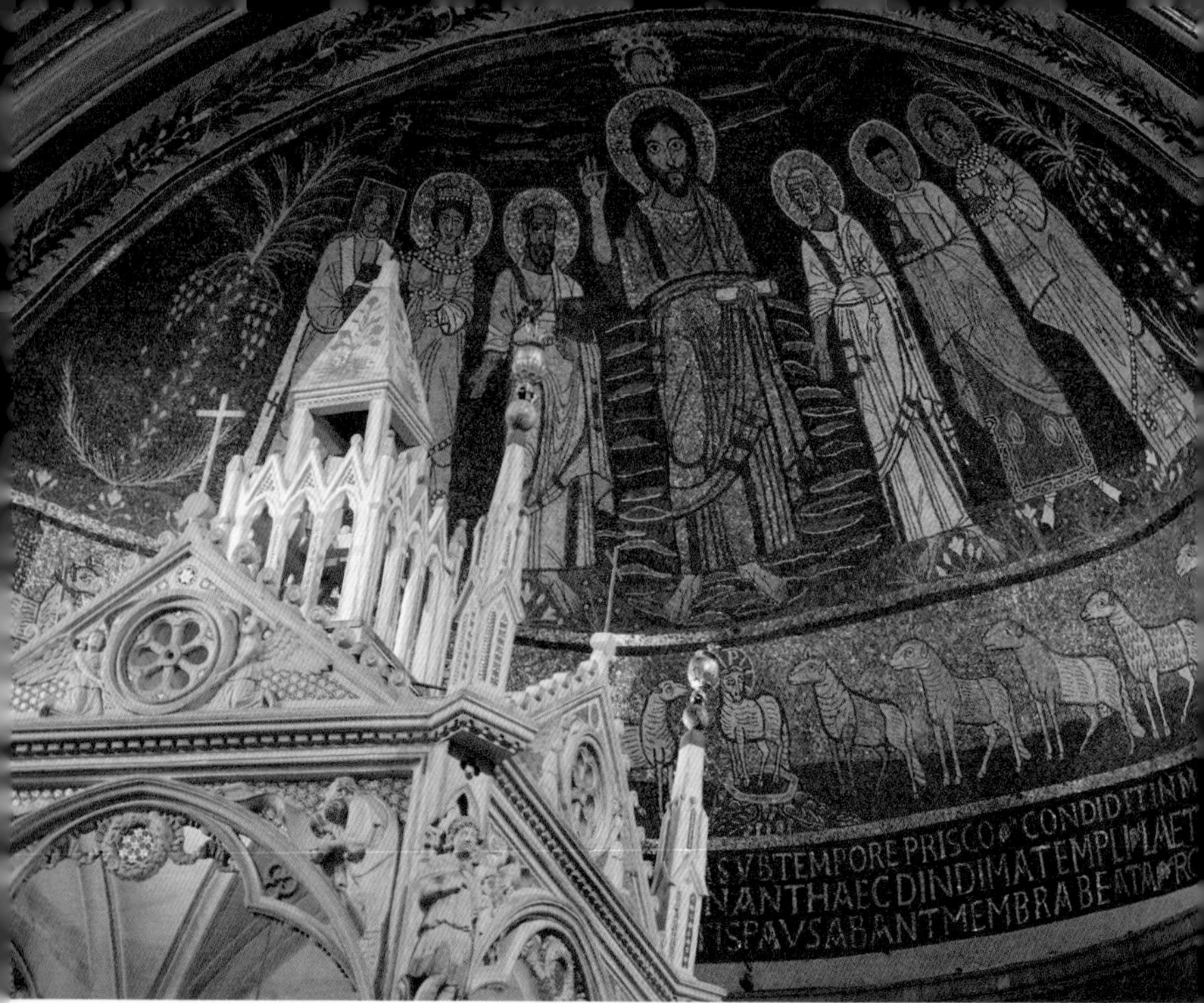

上：後陣天蓋の9世紀に描かれたモザイク画、左手三人の聖人の中央に聖チェチリア
前景は主要祭壇を覆う初期ルネサンス様式のチボリウムの一部
下：旧女子修道院の教会の壁に13世紀末のP.カヴァリーニ作「最後の審判」の一部が残る

上：聖チェチリアの墓廟の上、主祭壇の聖チェチリア像（1600年、S. マデルノ作）
下：主祭壇の下に聖チェチリアの墓廟がある

ローマの中心街にある聖チェチリア音楽院分院と、その弦楽器制作コースの授業風景

聖人としての崇敬は確かなものとなっていたのだろう。この学校はのちに聖チェチリア音楽院となり現在に至っている。

トラステヴェレ地区の聖チェチリア教会は十六世紀末、聖年を前に大修築されたが、聖女の棺を地下墓所より奉挙し蓋を開けたところ、遺体は腐敗せず亡くなった時のままの状態だった。彫刻家マデルノは、主祭壇の墓の上にその姿を石像で制作、横たわるその聖女像の下部には「聖女の墓が開けられたときに見た遺体をそのままの姿で写した」と刻されている。

この教会での聖女の記念日のミサは、十八時からの晩禱として行われた。ヴァチカンのシスティーナ礼拝堂から男声合唱団が参加し、グレゴリオ聖歌のハレルヤを唱和するなか、十字架を先頭に堂内プロセッションが始まる。その後も要所で要所でキリエ、グロリアなど合唱団の歌声が響き、音楽典礼ともいうべきすばらしいミサだった。通常は参列者があまり多くない教会のミサも、この日ばかりは、近隣の住民、音楽関係者、愛好家たち、教会に隣接する女子修道院の修道女たちも参列し、堂内に入れない人が出るほどだった。

カルロ・サラチェーニ画、1610年頃、ローマ、バルベリーニ美術館蔵

聖チェチリア

Cecilia（伊英西）Caecilia（羅）Cécile（仏）Cäcilia（独）Celia（英）

三世紀頃没

祝日＝十一月二十二日【記念日】

音楽家、歌手、楽器製作者の守護聖人

図像＝薔薇と百合の冠、剣、書物、楽器とともに

▼チェチリアが音楽の守護聖人とされるようになった経緯についてはもう一つ、旧約聖書の「雅歌」に、百合の冠を戴く処女たちが神の玉座の前で歌うとの一節があり、この「百合の冠」がチェチリアを示唆する（貞潔の誓いのあと天使から授けられた）と考えられたゆえ、との説もある。

▼聖チェチリア教会主祭壇に安置されている、ステファノ・マデルノ作の聖女像は、聖遺物容器のなかの姿を再現したとされ、左手の一本の指は信仰を、右手の三本の指は三位一体を、示すという。

▼教皇シクストゥス五世によって設立された音楽学校がチェチリアを守護聖人に仰いだことは本文の通りだが、この学校はやがて音楽の高等教育機関となり（サンタ・チェチーリア国立アカデミア）、さらに聖チェチリア音楽院を派生させた。同音楽院は二〇〇三年にローマの中心地から離れたパリオリ地区に移転したが、現在も旧校舎に工房等が残る。

12/13

聖ルチア

シラクーザ（シチリア島／イタリア）

暮れなずむ海岸線を進む聖女像は
さながら光の化身のよう

ミネルヴァ神殿の上に7世紀に建立されたシラクーザ大聖堂。正式には聖なるマリア聖誕教会と呼ばれる

ヨーロッパの南端、イタリア南部のシチリア島も十二月ともなると夕闇が迫るのが早い。しかしシラクーザの町はこの時期のこの刻限、路上をネオン・サインできらびやかに彩られ、光の祭典さながらに町全体が華やぐ。生きる光という意味からルチアと命名されたシラクーザ生まれの聖女、サンタ・ルチアの記念日のイリュミネーションだ。

聖ルチアは、三世紀後半にこの町の資産家の娘として生まれた。幼い頃、近くのカターニアで半世紀前に殉教した聖アガタの墓に詣でて母の病気の治癒を願ったところ、聖女が現れ、自分に執り成しを頼まなくとも信仰深いルチア自身の祈りで母の難病も救われると告げた。やがて母の難病が治ると、ルチアは自らの生涯を神に捧げることを決意し、財産を生前に処理、貧しい人たちに分け与えた。しかしこれを知った求婚者が総督に密告したため、聖女は様々な拷問にかけられることになった。判決で娼館に売られることになったが、兵士たちが大勢で連れて行こうとしても、牛で曳こうとしても、聖女は岩

シラクーザの町は湾内に浮かぶオルテージア島から始まった。旧市街は島の上にあり本島とは橋で結ばれている

のように動かなかった。煮えた油をふりかけて焚き殺そうとしたが果たせず、最期は剣で喉を突かれて殉教したと伝えられる。初代教会時代の殉教者にはその生涯を裏づける史料の乏しい例も少なくないが、聖ルチアについてはむしろ実在を裏づける材料に事欠かないという。

聖女の祭事は十一月末から始まり、旧市街の中心にある大聖堂で記念日（十二月十三日）の前日まで、毎朝八時に聖女への特別ミサがある。記念日当日にはやはり大聖堂で午前二回、午後一回、特別ミサが行われる。そして午後二時からの特別ミサの後、堂内の聖ルチア礼拝堂に顕示されている聖像と聖遺物を御輿にしたプロセッションが始まる。聖遺物の御輿を担ぐ女性たちは希望《エスペランツァ》を表す緑色のスカーフ・衣装を身に纏い、重い銀製の聖像の御輿を担ぐ男性たちも緑の帽子を被って市中を行進する。その後を信心会の御旗を先頭に多くの信者たちが手に手に蠟燭に火を灯し続く。プロセッションは、旧市街の外のカタコンベと城壁外の聖ルチア教会まで、三キロメートルほどを約五時間かけて歩く。夜にもかかわらず女性

聖ルチア像を載せた御輿が大聖堂を出発

女性の参加が多い夜の蠟燭行列

大聖堂の燭台に蠟燭を灯す子どもたち

大聖堂内でのプロセッション

聖遺物の御輿を担ぐ女性たち

赤は殉教、緑は希望の表象。御旗に導かれパレードへ

子どもたちも緑のトゥニカと赤のマントで行進に参加

行進参加者は希望を意味する緑のスカーフや帽子を被る

夜の行列のための蠟燭を買う。1本約20ユーロ

聖女ゆかりのお菓子、クッチャ・ディ・サンタルチアと聖ルチアの目

聖ルチアの目はアーモンド・クッキー、瞳は杏のコンフィチュール

中心の参加者数一万人を超える大行進だ。教会は初代教会時代のカタコンベの上に建てられ、聖ルチアもこの地で殉教したといわれる。

　ちなみに聖ルチアの祭事は、生地から遠く離れた北欧諸国でも祝われる。北欧は十二月に入ると一日中太陽が昇らないところも多く、聖女は闇の世界を照らす光のシンボルだ。

　聖ルチアの聖遺物は、九世紀にカール大帝が一部をフランス東部のメッスの修道院に分骨し、十三世紀初頭にはコンスタンティノープルに分骨されていた聖遺物がヴェネツィアに移された。同市の主要鉄道駅はヴェネツィア・サンタ・ルチア駅と呼ばれるが、これは聖遺物を安置していた修道院と付属聖ルチア教会の跡に駅が設置されたことによる（聖遺物はその後、近くの聖ジェルミアと聖ルチア教会に移された）。また聖女の名前を世界的に知らしめたのは、ナポリのカンツォーネ、サンタ・ルチアであろう。ナポリの旧市街にある漁港サンタ・ルチアを舞台に十九世紀半ばに生まれたカンツォーネは、二十世紀を代表するナポリ出身のオペラ歌手カルーソ、さらにプレスリーにも歌われ世界の愛唱歌となった。

シラクーザ大聖堂内の聖女のステンド・グラス

■聖ルチア

Lucia（羅伊西独）Lucie（仏）Lucy（英）

三〇四年没

祝日＝十二月十三日【記念日】

シラクーザ、ナポリ、ペルージャの守護聖人

盲人、娼婦、眼科医、御者、電気工の守護聖人

執り成し＝眼病、喉の病、栄養失調

図像＝松明、蠟燭、剣、皿の上の二つの眼

▼拷問の際に聖女は両眼をえぐられるが、それを盆にのせて届けたところ婚約者は改心し、聖女自身も聖母から再び美しい両眼を与えられたとの伝承もあり、皿の上に両眼をのせた姿でも描かれる。

▼イタリア北東部ではプレゼントをくれる聖人でもあり、ベルガモ、クレモナなどではクリスマス・マーケットではなく聖ルチア・マーケットが立つ。

▼またよく知られているように北欧でも、待降節の前半を彩る祭事として盛大にこの日を祝う。少女たちはこの日、純白のドレスに赤い帯、蠟燭を立てた冠を身に纏い、聖ルチアに扮して練り歩く。十八世紀頃から始まった風習らしく、ストックホルムでは一九二七年から公式の祭事として、その年の「聖ルシア役」を選出しての行進なども行われている。プロテスタント圏ゆえ、聖人崇敬というより光の祝祭という側面が強調されている。

12/26

聖ステファノ

ウィーン（オーストリア）

ウィーンではクリスマスの余韻さめやらぬなか、
聖シュテファン大聖堂で特別ミサが行われる
クリッペの幼児イエスも引きつづき顕示されてこの日を祝う

モザイクの屋根瓦が美しいウィーンの聖シュテファン大聖堂

音楽の都ウィーンの旧市街の中心地に、ウィーンっ子にシュテフィの愛称で親しまれている司教座教会、聖シュテファン大聖堂が聳え立っている。狭い旧市街を歩いていて、大聖堂のモザイクの美しい屋根が目に入るとウィーンに来たと実感する。

ウィーンの起源は、ドナウ河に沿うヨーロッパを東西に結ぶ道路と、ヨーロッパの南北を結ぶ琥珀の道の交差点に紀元前五世紀頃に発生した村に遡る。ローマ帝国時代には、軍北部の拠点となってウィンドボナと呼ばれ、ウィーンの呼称の起源となった。一一五五年にオーストリア公国の首都となり、大都市として歩み始めることになるが、その二十年ほど前、オーストリアとドイツの国境の町、ドナウ河の河港パッサウの司教とウィーンの辺境伯が相互協定を結んだことから、聖シュテファン大聖堂の歴史は始まっている。現在大聖堂が立つ場所にはザルツブルクの聖人ループレヒトの教会があったが、そこに新たに教会を建て、パッサウ司教区の守護聖人であった聖ステファノに献堂した。その際、パッサウ大聖堂に顕示されていた聖ステファノの聖遺物もウィーンに移された。

特別ミサはエルンスト・プファー大聖堂主任司教により司式された

聖ステファノは、イエスの生誕と同じころエルサレムのユダヤ人家庭に生まれた。初代教会時代、エルサレムでは、ギリシア語を話すユダヤ人ヘレニストとヘブライ語しか話さないヘブライストが係争を繰り返していた。ステファノはヘレニストの代表で急進的であった。使徒たちが多忙であったために七名を助手として選ぶことになり、ステファノはその一人に任ぜられた（これが「助祭」職のはじまりとされる）。貧者の面倒を見、寡婦を世話し、多くのユダヤ人の若者、ユダヤ教の聖職たちをキリスト教に改宗させたが、キリストを十字架にかけたユダヤ人たちを弁舌巧みに糾弾し、神がキリストを地上に送ったと明言していたために、ユダヤの権力者の激しい反感を買う結果となり、最高法院で神の冒瀆者として石打ちの刑を言い渡される。城門の外に連れていかれ、石を頭に投げつけられてステファノはキリスト教徒最初の殉教者となったが、このとき刑を執行した役人の一人にはサウル、つまり後の聖パウロもいた。

ステファノは、死に際し天国が見えてきたと証言し、殉教すると天国で誕生することを証した最初の聖人となった（以来、カトリックでは逝去を帰天という）。イエスの昇天

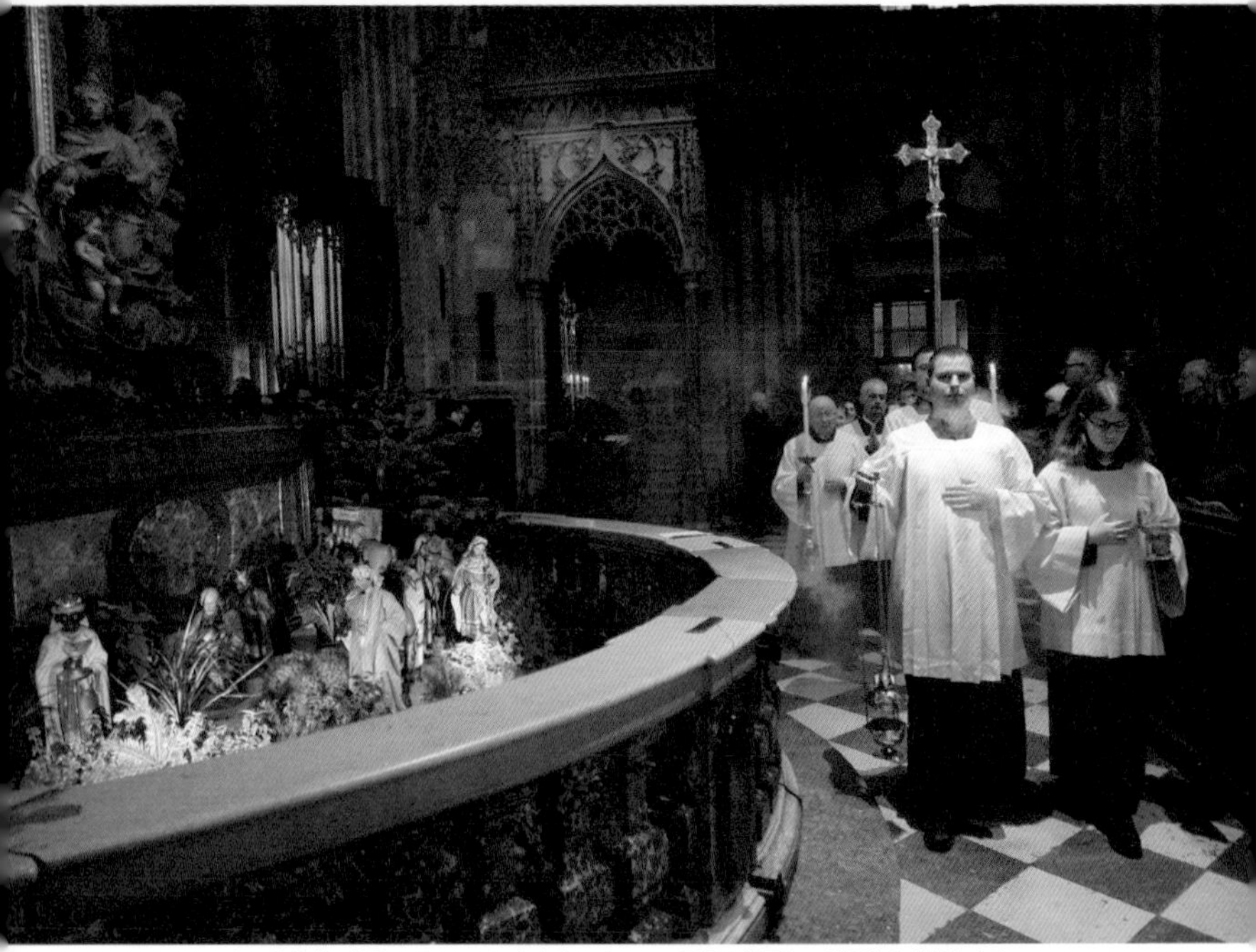

上：助祭だった聖ステファノにちなみ、ウィーン周辺の約百名の助祭たちが参加する
下：クリスマスを祝うクリッペ（聖誕シーン）の前を進む堂内プロセッション

かつてモーツアルトもタクトを揮った大聖堂のオーケストラを、音楽監督マルクス・ランドラーが指揮

パイプオルガンが置かれている右側廊をオーケスオトラ、合唱隊が占める

から七ヵ月のことだった。遺体は、ユダヤの法律家ガマリエルによってエルサレムの郊外に葬られたが、紀元後四一五年、発掘されてローマに運ばれ、同じく助祭の身分で殉教した聖ラウレンティウスの遺骨を納める、城壁外の聖ロレンツォ大聖堂に移葬された。

聖ステファノの祝日はクリスマスの翌日、十二月二十六日で、アルプス以北の国々では連休になる。ウィーンではこの日、朝十時から大聖堂で特別ミサが行われる。ミサが始まる半時間ほど前から、「オーストリアの音色」と呼ばれている直径約三メートルの巨大な鐘、愛称プメリンが鳴らされ、市内全域に響き終わると、大聖堂専属オーケストラによるハイドン最後の作品、ハーモニー・ミサ曲の演奏が始まり、イエスの聖誕を表すクリッペで飾られた主祭壇のある後陣へ、司教団と約百名の助祭たちが入堂。

ミサの最中にはバッハのG線上のアーリア、パイプ・オルガンを使ったポスト・ベネディクショーネン、最後にヘンデルのメサイアからハレルヤの合唱。天井の高い堂内いっぱいにハレルヤ・コーラスが響き渡る、音楽の都ウィーンならではの感動的なミサだった。

祭壇画、1450年頃、ディジョン美術館蔵

■聖ステファノ
Stephan（独）Stephanus（羅）Stefano（伊）
Etienne（仏）Stephen（独）Esteban（西）
三五年頃没
祝日＝十二月二十六日【祝日】
石工、左官、大工、馬、馬丁の守護聖人
執り成し＝頭痛、結石
図像＝一個もしくは数個の石とともに

▼殉教にいたる経緯は新約聖書「使徒言行録」（六―八章）で詳細に語られている。

▼本文にあるように、五世紀に聖遺物がローマにもたらされ、サン・ロレンツォ・フオリ・レ・ムーラ聖堂に移葬されたが、西欧で崇敬が盛んになったのはこれ以降のことらしい。同じ助祭としてステファノとラウレンティウスは二人並んだ姿で描かれることも多い。

▼ステファノに献げられた聖堂は枚挙に暇ないが、当地以外ではフランスのブールジュ、サンス、トゥールーズ（サンテティエンヌ）などが有名。イタリアではステファノを守護聖人とする都市は優に百を超えるといい、おそらく一番人気だろう。

▼神聖ローマ帝国の権力の象徴たる「帝国聖遺物」に聖ステファノの聖遺物容器があるのもよく知られるところ。こちらはウィーンの王立宝物館蔵。

1/17

聖アントニウス

リシュランシュ（フランス）

リシュランシュの聖ドニ教会で行われた聖アントニウスの記念日のミサ
祭壇下の献金籠をよく見ると、お札や硬貨に混じって謎の黒い塊が……

小さな村なので専任司祭はいないが、教区の巡回司祭が司式

フランスでは秋になると、小さな黒い芋のような形のトリュフが市場に出始める。香りを凝固させたようなキノコの一種で、日本の松茸のように珍重され、驚くほど高価な値段で取引される。しかし地中で生育するために松茸と比較にならないほど収穫が難しく、そこで登場するのが嗅覚抜群の犬や豚だ。フランスでは、昔は豚を使うことが多く、トリュフ・ハンターたちは豚に引かれて秋から冬にかけてトリュフ狩りに精を出していた。現在はフランスでも犬が主流だが、豚を連れて砂漠で苦行した聖アントニウスは、トリュフ・ハンターの守護聖人だ。

聖アントニウスは、三世紀半ばにエジプトのキリスト教徒の貴族の家庭に生まれた。両親が遺した財産を貧者らに分け与え、砂漠周辺の荒野で終生修行をしたことから、修道士の始祖ともされる。修行中に悪魔が放った卑しい欲望は手を替え品を替え聖人を襲ったといい、聖人をテーマにした絵画には、そうした悪魔、欲望の化身として魑魅魍魎や猛獣が描かれる。豚もまた食欲旺盛で貪欲、卑しい欲望を体現した存在として聖人のアトリビュートになり、しばしば聖人の足元に付き従っている。

中世に血流が不足して手足の痙攣、壊死などを引き起

フランス南東部ドーフィネ地方のアルプス山麓にある聖アントワーヌ修道院

こす麦角中毒（「聖アントニウスの火」と呼ばれた）が大流行すると、その患者の世話をするため聖アントニウス修道会が組織され、各地にその修道院が拡がっていったが、その本拠は、奇しくも南仏のアルプス山麓、トリュフの産地にある修道院（ドーフィネ地方のサンタントワーヌ　ラベイ）なのだった。ちなみに中世末期にこの聖人の絵画が数多く描かれたのもこうした事情と無縁ではなく、有名なグリューネヴァルトの「イーゼンハイムの祭壇画」も、もとはこの修道会のために描かれたものである。

さて、プロヴァンス地方北西部のリシュランシュ村は、良質のトリュフが多く収穫され、村の周辺を含めるとフランスの全収穫量の七割を占めるトリュフの都《キャピタル》である。フランスのトリュフは黒いダイヤと呼ばれ、一キログラム十五万円前後で取引され、その多くがパリの美食家たちの胃袋に消えるというが、この村では毎年十一月から三月末までの週末、公道を閉鎖してトリュフの市場が立つ。一月中旬の黒トリュフの旬の時期になると、村には連日約千人が訪れ、トリュフを買い、レストランでトリュフづくしの料理に鼻孔を膨らませ舌鼓を打つ。

料理といっても薄くスライスしたトリュフを調味料、

上：普段は閑散としているミサも聖人の記念日には立錐の余地もないほど満席
下：この日の献金は現金もあればトリュフもある

上：ミサ後、司祭とトリュフの騎士たちが教会からオークション会場までパレード
下：村役場の広場がオークション会場。年に一度の熱気が籠る

教会周辺にはトリュフの市が。最大級の黒いダイヤがゴロゴロ——１個２万円はくだらないという

味付けに使い、玉子料理や、肉料理のクリームソースなどにかけるだけなのだが、強烈な香りのトリュフをかけると料理の風味が一変し、絶妙の味わいとなるから不思議だ。メニュの料金は通常の倍以上に跳ね上がるが、レストランは一ヵ月以上前から予約で満席。トリュフは、フランスの美食家にとって文字通り垂涎の的なのだ。

そのリシュランシュ村では、聖アントニウスの祝日に近い日曜日に、トリュフ騎士団の奉賛のもと、トリュフ収穫、豊作の執り成しをした聖人への感謝を込めて特別ミサが開催される。小さな村の教会なので、ミサが始まる前から座席は約百名のトリュフの騎士たちと関係者で満席。堂内の立ち席もまた立錐の余地もないほどで、トリュフの魔力に改めて驚かされる。

ちなみにこの日の特別ミサへの献金は、なんと金銭ではなくトリュフで納められる。奉納されたトリュフは、ミサの後、オークションが開催される村役場前の広場までパレードで運ばれる。毎年大小合わせて約三キログラムのトリュフが奉納され、オークションで総計五十万円前後の入札があって、最終的にこれらが教会の維持費に充当される運びとなる。

M. グリューネヴァルト画、イーゼンハイム祭壇画（部分）、1515 年頃
コルマール、ウンターリンデン美術館

■聖アントニウス（大アントニウス）

Antonius（羅独）Antoine（仏）Antonio（伊西）
Anthony（英）

二五一頃―三五六

祝日＝一月十七日【記念日】

家畜、養豚業者、トリュフの守護聖人

執り成し＝疫病（とくに麦角中毒、ペスト）、火事

図像＝T字型の十字架（アントニウス十字）、鈴、豚

▼本文中にある「聖アントニウスの誘惑」については、H・ボスの三連画（リスボン、国立考古美術館蔵）もよく知られるところで、やはりアントニウス修道会との関連がしばしば取り沙汰される。

▼リシュランシュ Richerenches はアヴィニヨンの北四十キロほどのところ。本文にある通りトリュフの一大集散地で、シーズン中は市が開催され、生産農家、バイヤー、観光客などで賑わう。
参考サイト＝ https://www.richerenches.fr

▼南仏以外の産地としてはブルゴーニュ地方のサン・ブリ・ル・ヴィヌーやヌヴェール、ペリゴール地方のペリグー、ソルジュが有名。イタリアなら白トリュフのアルバと黒トリュフのノルチア。

▼修道会の本拠サンタントワーヌ・ラベイ（Saint-Antoine-l'Abbaye）はグルノーブルの南約六十キロ、トリュフの都から百二十キロほどの距離。

1/20

聖セバスティアン

ファンオー（スイス）

聖遺物をのせた御輿がスイスの現役兵士に担がれ
ヴァチカンの元衛兵たちに護られて村の山道へと繰り出す

教区教会を中心に小さな山村が纏まる。村外れのアルプスの峰々がフランスとの国境

永世中立国を謳うスイスは、平和の国で軍隊などと無縁と思われがちだが、徴兵制度もあり、陸軍も空軍もあり、海の無い国だが湖が多いので海軍ならぬ水軍もある自主防衛国家だ。かつては傭兵を国外に送り、輸出産業としていた時代もあった。世界最小の国、ヴァチカン市国の衛兵たちがスイス出身の傭兵であるのも、その名残り。十六世紀初頭、ローマが略奪を受けた際に命懸けで教皇を護ったのもスイス出身の傭兵たちだった。質実剛健で忠誠心が高いこの国の兵士たちは、今日も教皇庁の衛兵となりヴァチカン市国を護っている。そんなヴァチカンの衛兵たちの守護聖人の一人が、軍人出身で聖人となった聖セバスティアンだ。

聖セバスティアンは、三世紀半ばに南フランスのナルボンヌに生まれ、ミラノで育った。ローマで軍務に就き、皇帝の近衛兵に抜擢されると、獄舎にも出入りして投獄されていた信者たちを秘かに励ますなどしていたが、やがて密告によってキリスト教徒であることが皇帝の知るところとなり、弓矢の刑に処された。射手は時間をかけて矢を一本ずつ射ち、セバスティアンが息絶えたと見て刑場を離れるが、夜中に女性信者イレーネが刑場から連

早朝の太鼓隊の行進が終わるころ明るくなり、兵士のミサが始まる

れ帰り、矢を抜き介抱したところ息を吹き返す。しかし蘇生したセバスティアンは皇帝にキリスト教徒迫害の非を直訴したために、今度は棍棒で殴殺され、遺体は見つからぬよう暗渠に投げ捨てられた。中世に黒死病が流行すると、聖セバスティアンが受けた傷とペストの病痣が似ていることから、黒死病から救ってくれる守護聖人としても崇敬されるようになった。

フランス国境に近い標高千二百メートルの高地にあるスイスのファンオー村は、十六世紀に建てられた教区教会が聖セバスティアンに献堂されていることから、聖人の記念日（一月二十日）に祭事が営まれ、国内外に働きに出ている若者たち、それに現役の軍人たちなども村に戻って祭りに加わる。スイスの徴兵制度は二十歳から始まり、最初の年は四ヵ月、それ以降三十五歳まで毎年三週間有償での兵役があるため、実家・自宅に軍服を常備している人も多いという。この日にはまた、教皇庁で雇われていた元衛兵たちも参加して祭事を盛り上げる。

祭りの運営費は、毎年開催される村の団旗の使用権オークションの落札金で賄われる。一番人気は、聖セバスティアン講の旗で邦価にして二十万円前後という。

上：ミサはヴァチカンの元衛兵たちの入場から始まる
退役衛兵は無報酬など一定の条件の下、制服でのイヴェント参加が認められているという
下：プロセッションは太鼓隊、村の団旗、聖セバスティアンの御輿、司祭、信者たちと続く

派手に飾りつけられたパンが御輿で祭壇に運ばれ、
祝別されたのち、刻んで信者たちに配られる
パンを運び、配るのはヴァリス地方の民族衣装を身にまとった女性たち

夜明け前から太鼓を叩いて記念日の祭事を知らせてまわる

早朝から強い酒で気勢を上げて……

村の団旗は使用権がオークションにかけられる

祭りは、厳寒のアルプス山中にもかかわらず朝五時から始まる。四時半の集合時間に間に合わせて、まだ真っ暗闇の四時に山小屋《シャレー》を出て車で集合場所の駅に向かったが、路面はツルツルのミラーバーン。坂道の路肩に乗り入れて車を停め、山道を徒歩で滑りながら降りるはめになった。駅の広場には軍服で身を固めた若者たちが二十名前後集まっており、早朝の目覚まし代わりに太鼓を叩きながら村を行進しはじめる。一緒に歩いていると、凍てつく寒気に顔も凍傷になりかねない気配。やがて村の有力者たちが自宅に迎え入れ、朝食と、身体を暖めるために酒を振る舞ってくれる。半時間ほど暖を取ると、また五分、十分と太鼓を叩きながら行進しては次の家へ。そうして村を一回りする頃には八時になり、軍人たちのための特別ミサが始まる。

　そのあと十時からは、村民全員が参加するグラン・メス、聖セバスティアンの日のための特別ミサがある。ミサの最後には大きな特製パンが運び込まれて祝別されたのち、細かく刻まれ五百人近い参加者に配られる。そのあとは聖遺物を載せた御輿が村に繰り出し、雪に覆われた村の山道をゆっくりと行進する。

ドッソ・ドッシ画、1525年頃、ミラノ、ブレラ美術館蔵

■聖セバスティアン

Sébastien（仏）Sebastianus（羅）Sebastiano（伊）
Sebastián（西）Sebastian（独英）

三世紀末頃没
祝日＝一月二十日【任意の記念日】
射手、兵士、石工の守護聖人
執り成し＝ペスト
図像＝矢、弓、木の幹とともに

▼聖人の遺体は暗渠に隠されたが、ある信徒の女性の夢枕に聖人が現れてありかを教え、使徒たちの足元に埋葬するよう命じたと伝えられる。ローマの七大バシリカの一つ、聖セバスティアーノ教会はこの墓所の上に建てられている。記念日に市幹部、軍の代表、憲兵らが参加しての特別ミサあり。

▼ファンオー（Finhaut）はスイス南西部のヴェレー地方、名峰モンブランの麓にある村。比較的カトリックが強い地域で、この教会もカトリック。

▼ヴァチカンのスイス衛兵は一五〇六年、教皇ユリウス二世の時代に始まり、五百年以上の歴史を有する。現在のスイスは傭兵を禁止しているが、ヴァチカンの衛兵のみは例外的に維持され、現在の定員は百三十五名。毎年二十〜三十五名の新入隊員があり、ファンオー村からは二〇二〇年現在も、現役衛兵を一名輩出している由。

1/21

聖アグネス

ローマ（イタリア）

聖アグネス殉教者の頭文字 S.A.M. をあしらったケープを身に纏い
赤と白の薔薇に埋もれておとなしく出番を待つ

殉教地に建てられたナヴォーナ広場の聖アグネス教会の祭壇の聖アグネス像、1660年頃

聖人のお供をする動物が語呂合わせで決まったなどというと、いかにも俗信めいた感じがするが、ローマの処女殉教者、聖アグネスが子羊とともに描かれる理由としては、今のところこの説明が最有力らしい。曰く、聖女の名は純潔を意味するギリシア語アグノス(agnos)に由来するものだが、音がラテン語で子羊を意味するアグヌス(agnus)とも似ているので、この動物が選ばれたのだ、と。

聖女アグネスは、皇帝にも繋がる名門クラジオ家の一族の娘としてローマに生まれた。その美貌と家柄に惹かれた執政官の息子の求婚を断ったところ、執政官から、信仰を棄てて息子の花嫁になるか、拷問にかけられるかを選ぶよう迫られる。アグネスは棄教せず、捕らえられて竈の女神ウェスタの神殿への焼香を強いられるが、それも拒否したことから焚刑を言い渡される。しかし炎はアグネスの周りで二手に分かれてしまって刑を実行することはかなわず、その後、娼館に送り込まれた折には、全裸にされても聖女自身の髪の毛が伸びて全身を覆い、何人もアグネスに近づけなかったという。最後は剣で首を突かれて殉教したと伝えられている。

ローマの旧市街の中央に細長い大きな広場がある。一

細長いローマのナヴォーナ広場は競技場跡で、キリスト教徒迫害時代に多くの信者が処刑された

世紀末に築かれた競技場を、後世になって市民の憩いの場へと鞍替えさせたナヴォーナ広場だ。レストラン、名物のジェラティリアが軒を連ね、観光客ならば一度は訪れる場所だろう。ローマ帝国時代、ここではもちろん戦車競技なども開催されたが、四世紀初頭のキリスト教徒迫害が激しい時代には処刑場としても利用され、アグネスもまたこの競技場で帰天したのだった。この殉教地には八世紀に聖アグネス（サンタニェーゼ）・イン・アゴーネ教会が建てられ、これが十七世紀、バロック期の建築界の巨匠ボッロミーニによって今ある姿に改築された。

ローマは三世紀半ばから他民族の侵入に悩まされ、町の防御のために厚さ三メートル以上ある強固な壁で町を囲った。その市囲壁の北東部から始まるノメンターナ街道沿いはローマ帝国時代から高級邸宅街で、聖女の一族、クラジオ家ここに邸宅を構えていた。アグネスの殉教後、クラジオ家はアグネスの遺体を地下に葬ったが、この墓所には禁教時代の他の多くのキリスト教徒の遺体も葬られ、「聖アグネスのカタコンベ」と呼ばれるようになった。

コンスタンティヌス帝により三一三年にキリスト教が公認されると、皇帝一族もキリスト教に改宗し、娘コス

上：乙女殉教者の記念日らしく、御輿に載せられた二匹の子羊を女子高生たちが運ぶ
下：ミサの前、信者たちは教会入口で子羊と記念撮影に余念がない

城壁外の聖アグネス教会での特別ミ
後陣天蓋のモザイク画（7 世紀）中央には、王女姿の聖アグネス

城壁外の聖アグネス教会外観。地下には長さ 20km にも及ぶカタコンベがある

タンツァもまた熱心な信者となった。コスタンツァは聖アグネスに執り成しを願って病が癒えたことから聖女への崇敬ことのほか篤く、墓所の上にアグネスのための聖堂と自らの墓廟を建てることを望んだ。聖堂はコスタンツァ没後の三六〇年に完成、その後位置をずらして七世紀に建て直された。今日、城壁外の聖アグネス教会（サンタニェーゼ・フオリ・レ・ムーラ）と呼ばれている聖堂がこれにあたる。

聖女の記念日（一月二十一日）には、この聖アグネス教会で、特別ミサと子羊の祝別が行われる。子羊はこの日まで、ローマ郊外のトレ・フォンターネ修道院（厳律シトー会）で飼育され、当日の朝、おめかしをして教会に連れて来られる。ミサまでは入口で待機して礼拝に来る信者たちを出迎えたのち、式が始まると今度は御輿に載せられ、女子高生たちに担がれて主祭壇に登り、司教から祝別を受ける。そしてミサの後は再び郊外の修道院に戻り、復活祭を待って毛を刈られ、その羊毛で司教のパリウム（肩衣）が織られる。このパリウムは、聖ペトロと聖パウロの日（六月二十九日）の叙階式で新しいローマの司教たちに贈与されるという。

スルバラン画、1640年頃、セビーリャ美術館

■聖アグネス

Agnes（羅独英）Agnese（伊）Agnès（仏）Ignés（西）
三〇五年頃没
祝日＝一月二十一日【記念日】
カターニア、マルタの守護聖人
女子、純潔、婚約した恋人たち、庭師の守護聖人
図像＝短剣、子羊とともに

▼聖女が子羊とともに描かれる点に関しては、本文に紹介の「語呂合わせ」説の他に、子羊は他ならぬキリストの象徴ゆえ、結婚の相手をキリストのみとすることを望んだ聖女の敬虔さを示す、とも説明される。図像として最も古いのは、ラヴェンナのサンタポリナーレ・ヌオーヴォ聖堂の、聖女が並ぶモザイク（六世紀）の聖アグネス像だという。

▼聖遺物は、カタコンベの上に建てられたサンタニェーゼ・フオリ・レ・ムーラ教会と、一部が移されたサンタニェーゼ・イン・アゴーネ教会とに納められている。

▼隣接するコスタンツァ（コンスタンティナ）の墓廟は、当時の姿のまま現存し、初期キリスト教時代の貴重なモザイク装飾を目にすることができる。

▼パリウム（肩衣）はカズラの上に着用する帯状の肩覆い。見失った羊を肩に担ぐ良き牧者を意味する。「聖マルコ」の項の大司教の写真などを参照。

1/22

聖ヴァンサン

ブルゴーニュ（フランス）

開催地持ち回り制で行われるブルゴーニュの聖ヴァンサン巡回祭、
2020年の開催地、ジュヴレ・シャンベルタン

生産者たちは村の御旗や聖像とともにパレードに参加。モレ・サン・ドニは開催地の南隣の銘醸地（1973年に巡回祭開催）
皆が首から提げているのは、「試飲キット」付属のワイングラス入れ

聖人の祭事を記念日に近い週末などに移して祝うことは少なくないが、ワイン大国フランスでは守護聖人もひっぱりだこで、いささか大味な事態になっているのは否めない。ワインの守護聖人として知られる聖ヴァンサンの記念日は一月二十二日だが、ボルドーでは一月の第二日曜、シャンパーニュはその翌週、ブルゴーニュは中央部が聖人の記念日後の週末、北部のシャブリが二月の最初の週末、という日程で棲み分けているのだ。日程的には一人で全ての祭事をハシゴすることもでき、粋なはからいと言えなくもないのだが……。

祭事の歴史が最も古いブルゴーニュでは、一九三八年に生産者たちの地域交流を目的に祭りが始まった。当初は六ワイナリーの参加であったが、回を重ねるごとに参加団体も増え、現在は百を超える生産者が参加、二日間の会期中に訪問者が十万人を超える、最大規模の聖ヴァンサン祭となっている。

初日の朝早くから村や生産者ごとに御旗を掲げ、聖人像の御輿を担いでのパレードがある。一月下旬のブルゴーニュは寒く、パレード参加者も観衆も朝からワインで身体を温めながらミサのある教会まで行進する。

村ごとに持ち寄った聖人像が、ミサのある教会の前に勢揃い。聖マルタン、聖ユルバンなどもいて、ワインの守護聖人は聖ヴァンサンだけではないことがわかる

ブルゴーニュの祭事は、毎年開催地を変えて開催されることから聖ヴァンサン・トゥルナン（巡回祭）と呼ばれる。開催地になった村では、参加団体が少しずつ供出したブドウを使って、祭りのために特別ワインを数種類用意しており、ワイングラスとワイン券がセットになった「試飲キット」（二十ユーロほど）を買うと、年代違いの特別ワイン、キュベ・ロンドが五種類、八杯まで楽しめる。とはいえ勝手にボトルを持ち込んで飲み交わしている人も多く、ミサのあと、一時間もしないうちにそこここで気勢があがり始める。

聖ヴァンサン（ラテン語名ウィンケンティウス）は、スペイン北部アラゴン地方のウエスカで三世紀末に生まれ、サラゴサで助祭長を務めていたが、四世紀初めの大迫害時代にバレンシアで殉教した。四肢引き裂き刑、火炙りの刑を受けるも奇蹟によって救われ、最後はガラスの破片を敷き詰められた牢屋に投獄されて息絶えたという。遺体は海中深くに沈むよう石臼に括り付けられたが、すぐに岸辺に流れ着いて手厚く祀られ、スペインで早くから崇敬を集めた。八世紀にはムーア人たちの略奪から逃れるため聖遺物はポルトガル西南端

小さな村に連日5万人以上の訪問者が

近年は女性の醸造家たちも増えている

主催団体タストヴァン騎士団の幹部たち

タストヴァン（試飲皿）でワインをすすりながら行進

ワインで暖をとり、グラスを傾け色を定めつつ練り歩く

ミサの最後にパンとこの日のために造られたワインを奉納

シャブリ・ワインの女王も行進に参加

こちらは白ワインの銘醸地、シャブリの聖ヴァンサン祭

生産者の子どもたちも手づくりのプラカードを持って歩く

熟成に不可欠のオーク材のワイン樽もパレードに

前夜祭には巨大な張り子人形も登場

民族衣装でミサに参加するウエスカの少女たち

所変わってウエスカの祭事─主祭壇にはオレンジを奉納

の岬（現サン・ヴィセンテ岬）に隠されカラスに護られたが、十二世紀半ばに発見され首都リスボンの大聖堂に移され、以来リスボンの守護聖人として大航海時代の船乗りたちを見守った。

フランスでの崇敬は、一説にクローヴィスの子キルデベルトが六世紀に聖遺物をパリにもたらしたことに始まるという（サン・ジェルマン・デ・プレ修道院は古くはサン・ヴァンサンと名のっていたらしい）。しかしその後（おそらく十六世紀以降）ワインの守護聖人となった理由についてははっきりせず、名前のヴァンがワイン（vin）に通じるとか、サンが血（Sangue＝キリストの血＝ワイン）をあらわすといった、こじつけめいた解釈が幅をきかせている。

聖人の生地スペインでもこの日、各地で聖人の祭事が営まれ、生地のウエスカでは、前夜に町外れの広場で、市民に茹で芋、ソーセージ、ワインなどを振る舞う夜祭りがあり、当日は信心会の娘たちが民族衣装の晴れ着を身に纏い、聖ビセンテ教会の特別ミサに参列する。こちらでは聖人への奉納品もワインではなく、スペインらしくオレンジだ。これだけ国によって異なる表情を見せる聖人もめずらしい。

ウエスカ、聖ビセンテ教会正面入口上部の聖人像

■聖ヴァンサン（サラゴサの）

Vincent（仏英）Vicente（西葡）Vincentius（羅）
Vincenzo（伊）Vinzenz（独）

三〇四年頃没
祝日＝一月二十二日【任意の記念日】
サラゴサ、リスボンの守護聖人
水夫、樵、陶工、煉瓦工、ワイン醸造家の守護聖人
図像＝焼き網、火搔き棒、石臼、カラスとともに

▼ウエスカHuescaはスペイン北東部アラゴン州、ピレネーの麓の町。殉教聖人としての祭事は他にバレンシア、リスボンなどでも催される。

▼ドイツでは主として中世後期以降崇敬が伝わり、南部で樵（！）の守護聖人として崇められた。

▼ジュヴレ・シャンベルタンGevrey-Chambertinはブルゴーニュ、コート・ドールでも有数の銘醸地。ナポレオンがこの地のワインを愛飲したことで有名で、七つの特級畑を擁する。二〇二〇年を含め計五回、巡回祭の開催地となっているという。

▼聖ヴァンサン巡回祭Saint-Vincent-Tournanteは、年によっては二日間の参加者が十万人を超えるといい、ブルゴーニュでは秋にボーヌで開催される「黄金の三日間」と並ぶ二大イヴェント。生産者の組合が主催、開催地持ち回りなどもあり、より身近に産地の雰囲気を楽しむことができる。

▼付録

聖人主要祭事一覧

＊フランス・ドイツ・イタリア・スペインなど西欧のカトリック圏を中心に、一部東欧なども含む。
＊過去の実施例にもとづく覚書きゆえ、訪問時は必ず別途現地情報など確認されたい。

1月

3日 聖ジュヌヴィエーヴ
ナンテール（仏、パリ郊外）、パリ（仏）

6日 東方の三博士
ケルン（独）、ミラノ、チヴィダーレ・デル・フリウリ（伊）

7日 聖グドゥラ
ブリュッセル

13日 聖ヒラリウス（イレール／ポワティエの）
ポワティエ（仏）、パルマ（伊）

14日 聖ポンツィアーノ（ポンティアヌス）
スポレート（伊）

16日 聖ホノラトゥス
レランス諸島（仏）、バレアレス諸島（西）

17日 聖（大）アントニウス（→本編338頁）
聖シュルピス（スルキピウス）
パリ（仏）

18日 聖マウルス（スビアコの）
アンシュエス・ラ・ルドンヌ（仏、マルセイユ近郊）

19日 聖ニーニョ（幼きイエス）
ラス・ベレラ・デ・アバホ（西、クエンカの南）

20日 聖セバスティアン（→本編346頁）
サンタ・マリア・デ・フェイラ（葡、ポルト近郊）
エーバースベルク（独）

21日 聖アグネス（→本編354頁）
グリュオー・レ・バン（仏）

22日 聖ウィンケンティウス（ヴァンサン）（→本編362頁）

23日 聖パウロ（回心の祝日）
ローマ（伊）

24日 聖フランソワ・ド・サール
アヌシー（仏）

27日 聖デヴォテ（デヴォタ）
モンテカルロ、コルシカ（仏）

28日 聖ユリアヌス（ル・マンの）
クエンカ（西）

29日　聖ウァレリウス
サラゴサ（西、記念日1月22日）

30日　聖オルソ（ウルスス）
アオスタ（伊）
聖レスメス（アデレルムス）
ブルゴス（西）
聖ジミニャーノ
サン・ジミニャーノ、モデナ（伊）

31日　ドン・ボスコ
カステルヌオーヴォ・ドン・ボスコ（伊）

2月

1日　聖ブリギッド（→本編18頁）
聖セシリオ（カエキリウス）
グラナダ（西）

3日　聖ブラシウス（ブラス）（→本編26頁）

5日　聖アガタ（→本編26頁）

6日　聖ドロテア
ローマ（伊）
聖パウロ三木と日本の二十六聖人（日本は2月5日）
チヴィタヴェッキア（伊）

9日　聖アポロニア
アリッチャ（伊）
セルデドー・コトバデ（西、ガリシア）

10日　聖スコラスティカ
モンテ・カッシーノ（伊）
聖パウロ（難船記念日）
ヴァレッタ（マルタ）

12日　聖エウラリア（バルセロナの）
バルセロナ、イビーザ（西）

14日　聖ヴァレンティヌス（ヴァレンタイン）（→本編42頁）

22日　聖ペトロ（使徒座の祝日）
ローマ（伊）
聖マルゲリータ
コルトーナ（伊）

24日　聖マティア（使徒）
トリーア（独）

28日　聖レミギウス（レミ）（記念日10月1日）
ランス（仏）、フィーアゼン（独）

29日　聖ルイ（アンジューの）
トゥルーズ（仏）

3月

1日　聖ディヴィッド（→本編50頁）

3日　聖クニグンデ
バンベルグ（独）（7月に聖王ハインリヒ二世と共同祭事）

上旬　フランシスコ・ザビエル巡礼
ハビエル（西）

15日 **聖カジミエラス**（カジミェシュ）
ヴィルニス（リトアニア）
聖ロンギヌス
マントヴァ（伊）（聖ロンギヌスの槍の祭事）

17日 **聖パトリック**
ダブリン（愛）

19日 **聖ヨセフ**（→本編58頁）

25日 **キリスト聖血団**
マントヴァ（伊）

26日 **聖ルドゲルス**
エッセン、ミュンスター（独）

27日 **聖ルペルト**
ザルツブルク（墺）

下旬 **聖ラザロ**
ラルナカ（キプロス）

4月

1日 **聖ユーグ**
グルノーブル（仏）

4日 **聖イシドルス**（セビーリャの）
セビーリャ（西）

5日 **聖イレーネ**（テサロニキの）
テサロニキ（希）

9日 **聖ヴォードリュ**（ヴァルデトルーディス）
モンス（白、移葬の日、8月12日に祭事）

10日 **聖フュルベール**
シャルトル（仏）

12日 **聖ゼノ**
ヴェローナ（伊、祝祭時は5月21日）

13日 **聖ベネゼ**
アヴィニョン（仏）

16日 **聖ベルナデット・スビルー**
ヌヴェール（仏）

19日 **聖レオ**（九世）
セグイスハイム（仏）

23日 **聖ジョージ**（ホルヘ／ジョルディ）
ロンドン（英）
カセレス、アルコイ、バルセロナ（西）

25日 **聖マルコ**（→本編70頁）

27日 **聖ツィータ**
ルッカ（伊）

29日 **聖カテリーナ**
シエナ、ヴァラッツェ（伊）
聖トロペ（トルペティウス）
サントロペ（仏）

30日 **聖ユトロープ**（エウトロピウス）
サント（仏）

5月

1日　**聖エフィジオ**（→本編82頁）
（→本編82頁）

聖ドメニコ（ソラの）

コクロ（伊、蛇祭り、記念日1月22日）

聖ペリグリーノ（ラツィオシの）

フォルリ（伊、レモン市を開催）

2日　**聖セコンディウス**

アビラ（西）

3日　**聖トマス（使徒）**

オルトーナ（伊、祝日7月3日）

4日　**聖フローリアン**

ザンクト・フローリアン（墺）

5日　**聖イレーネ（コンスタンティノープルの）**

レッチェ（伊）

聖ヒラリウス（イレール／アルルの）

アルル（仏）

8日　**聖スタニスラウス**

クラカウ（ポーランド、記念日4月11日）

10日　**聖シンプリシオ**

オルビア（伊、サルデーニャ）

第二日曜日　**十四救難聖人**

フィアツェンハイリゲン（独、バイエルン）

＊それぞれの救難聖人の記念日にもプロセッションあり

11日　**聖マメルトゥス**

ヴィエンヌ（仏）

12日　**聖ドミンゴ（カルサーダの）**

ログローニョ（西）

聖パンクラティウス

ローマ（伊）、ウィル（スイス）

13日　**聖セルウァティウス**

マーストリヒト（蘭）

14日　**聖コンスタンツォ（コンスタンティウス／カプリの）**

カプリ島（伊）

15日　**聖イシドルス（マドリードの）**

マドリード（西）

聖イシチオ（ヘシュキウス）

カソルラ（西）

聖ウバルド

グッビオ（伊）

聖トルクアト（トルクアトゥス）

グアディクス（西）

中旬の日曜日　**聖ユルバン（ウルバヌス）**

エギュイスハイム（仏、アルザス）

16日　**聖ブレンダヌス**

クロンファート（愛）

聖ホノラトゥス

パリ、アミアン（仏）

ネポムクの聖ヨハネ（ヤン）

18日　聖王エーリク（九世）
プラハ（チェコ）
聖レスティトゥータ
ウプサラ（スウェーデン）
聖ロクス
イスキア島（伊）
19日　聖イヴォ（イーヴ・エロリ）
チュイン（ベルギー、シャルルロワ近郊）
21日　聖コンスタンティヌス（大帝）
トレグイエ（仏、ブルターニュ）
22日　聖ジュリア（コルシカの）
ラグカダ（希）
聖リタ（カーシアの）（→本編102頁）
リヴォルノ（伊）
24日　聖キリルと聖メトディウス
ソフィア（ブルガリア、2月14日も記念日）
聖ジュリアーノ（ダルマティアの）
アチェッタ（伊、聖霊降臨祭に祭事）
25日　聖マドレーヌ・ソフィー・バラ
パリ（仏）
28日　聖ジェルマン（ゲルマヌス）
パリ（仏）
30日　聖ジャンヌ・ダルク（→本編90頁）
聖王フェルナンド（三世）
セビーリャ（西）
下旬　聖ルカ
ボローニャ（伊、祝日10月18日）
ペンテコステ後の火曜　聖ウィリブロルド
エヒテルナハ（ルクセンブルク、踊りの行進）

6月

2日　聖エラスムス
フォルミ（伊）、アジャクシオ（仏）
リヨンの47人の殉教者
リヨン（仏）
3日　聖ケヴィン
ダブリン（愛、6月6日に祝う町もあり）
5日　聖ボニファティウス
フルダ
6日　聖クロード（クラウディウス／ブサンソンの）
サン・クロード（仏）
8日　聖メダール（メダルドゥス／ノワヨンの）
サランシー（仏）
9日　聖コルンバヌス
アイオナ（英）
11日　聖バルナバ
ファマグスタ（キプロス）
13日　聖アントニウス（パードヴァの）
リスボン（葡）、パードヴァ（伊）

15日　聖ウィトゥス（ヴィート）（→本編114頁）

16日　聖ベルナール（マントンの）（→本編122頁）

16日　聖シール（クィリクス）
ネヴェール、ヴォルネー（仏）

17日　聖ベンノ（マイセンの）
ミュンヒェン、マイセン（独）

17日　聖ラニエリ（ピサの）
ピサ（伊）

22日　聖パオリーノ（パウリヌス／ノラの）
ノラ（伊、ナポリ近郊）

24日　洗礼者聖ヨハネ（→本編130頁）

26日　七人の眠り聖人
ロットホーフ（独、バイエルン）

26日　聖ペラギウス（コルドバの）
コルドバ　オビエド　バリャドリード

29日　聖パウロ（→本編150頁）

29日　聖ペトロ（→本編142頁）

30日　聖マルシャル（マルティアリス／リモージュの）
リモージュ（仏、7年ごとに大祭）

7月

3日　聖ヒアキントゥス（カエサレアの）
フュルステンフェルドブリュック（独）

4日　聖イザベラ（ポルトガルの）
コインブラ（葡、2年毎、次回二〇二二年）

第一日曜　聖エリギウス（エロワ）
シャトールノー（仏、記念日12月1日）

7日　聖ヴィリバルト
アイヒシュテット、ミュンヒェン（独）

8日　聖フェルミン（フィルミヌス）（→本編162頁）

8日　聖キリアン（キリアヌス）（→本編170頁）

10日　聖王クヌート
オーデンセ（デンマーク）

11日　聖ベネディクトゥス（ヌルシアの）
サンブノワ・シュール・ロワール（仏）
サン・クリストバル（西、カナリア諸島）

13日　聖ハインリヒと聖クニグンデ
バンベルグ（独）

15日　聖ロザリア
パレルモ（伊、シチリア島）

17日　聖リヴァリウス（マルサルの）
メッス（仏）

18日　聖アルヌルフ（メッスの）
メッス（仏）

19日　聖コスタと聖ルフィーナ
セヴィリャ（西）

20日　聖マルガリータ（アンティオキアの）
ロンドン（英）

20日　聖アポリナリス（ラヴェンナの）
ラヴェンナ（伊）
22日　マグダラの聖マリア（→本編178頁）
23日　聖ビルギッタ（スウェーデンの）
ヴァドステナ（スウェーデン）、ローマ（伊）
23日　聖リボリウス
パデルボーン（独）
24日　聖クリストフォルス
オッツァーノ、ローディ・ガルガニコ、ジュッジャネッロ（伊）、カターニア（伊、シチリア島）
25日　聖（大）ヤコブ
サンチャゴ・デ・コンポステラ（西）
26日　聖アンナと聖ヨアキム（→本編186頁）
聖ヴェネランダ
アチレアーレ（伊、シチリア島）
27日　聖パンタレオン
ラヴェロ（伊）、ポルト（葡）
29日　聖マルタ（→本編198頁）
31日　聖イグナチオ・デ・ロヨラ
パリ（仏）
聖ジェルマン（ゲルマヌス／オーセルの）
オーセル（仏）

8月

1日　聖ガルテリ
ギマレス（葡）
聖バヴォ
ゲント（ベルギー、記念日10月1日）
4日　聖ジャン・マリー・ヴィアンネ
アルス（仏）
7日　聖アフラ
アウクスブルク（独）
8日　聖キリアクス
ローマ、アンコーナ（伊）、イビーザ（西）、アルトルフ（仏）
聖ドミニクス
ボローニャ（ミサは8月4日）、カスティリオーネ・デル・ラーゴ、ロンゴブッコ、カヴァリーノ（伊）
10日　聖ベッソ
ヴァルプラート・ソアナ（伊）
聖ラウレンティウス（ロレンツォ）
ローマ、フィイレンツェ（伊）
11日　聖キアラ（→本編206頁）
聖フィロメナ
ファビアーノ、トレポルティ、カスティヨン・デレ・ムーラ（伊）
16日　聖イシュトヴァーン
ブタペスト（ハンガリー、祭事は8月20日）

16日　聖救世主
ミリテッロ・イン・ヴァル・ディ・カターニア（伊、シチリア島）
聖ペレグリーノ（カルタベヨータの）
カルタベヨータ（伊、シチリア島）
聖ヘレナ
トリーア（伊）、ビルキルカラ（マルタ）
聖ロクス
モンペリエ（仏）
19日　聖セバルドゥス
ニュルンベルク（独）
20日　聖ベルナール（クレルヴォーの）（→本編214頁）
24日　聖バルトロマイ（使徒）
ローマ、ベネヴェント、ピストイア、モリーゼ、ガンバテーザ（伊）、フランクフルト（独）、パリ（仏）
25日　聖王ルイ（→本編222頁）
26日　聖アレッサンドロ（ベルガモの）
イスキア島（イタリア）
最後の日曜・月曜　聖ヨセフ（→本編58頁）
サンタ・マリア・ディ・リコディア（伊、聖ヨセフの衣服を顕示、八日間の大祭）
27・28日　聖モニカと聖アウグスティヌス
マルティナ・フランカ（伊）
28日　聖ジュリアン（ブリウデの）
ブリウデ（仏）
30日　聖フィアクル（→本編222頁）
クロミエ、サンス、オルレアン（仏）

9月

1日　聖ジル（アエギディウス）
サン・ジル（仏）、エジンバラ（英）
2日　聖アグリコル
アヴィニヨン（仏）
聖ユスト（リヨンの）
リヨン、アルボワ（第二日曜）（仏）
3日　聖（大）グレゴリウス
マンドゥーリア（伊）
聖マリヌス
サン・マリーノ共和国
4日　ヴィテルボの聖ローザ（→本編242頁）
17日　聖ヒルデガルト（→本編250頁）
聖ランベルトゥス
マーストリヒト（蘭、7年に一度大祭、聖遺物巡礼がある）
19日　聖ジェンナーロ（ヤヌアリウス）（→本編258頁）
20日　聖エウスタキウス
サンルカル・ラ・マヨール（西）、パリ（仏）
21日　聖マタイ
サレルノ（伊）、リヨハ（西）

22日　聖トマス（ビリャヌエバの）
サラマンカ、バレンシア（西）
聖マウリティウス（モーリス）
サン・モーリス（スイス）
23日　聖テクラ（イコニウムの）
アチレアレ、エステ（伊）、タラゴナ（西）
聖ピオ神父（パードレ・ピオ）
サン・ジョバンニ・イン・ロトンダ（伊）
25日　聖セルギウス
セルギエフ・ポサード（露）
26日　聖コスマスと聖ダミアヌス
アルベロベッロ、ガエ、リアチェ（伊）
アバラン、ミエルス（西）
27日　聖ヴァンサン・ド・ポール
パリ（仏）
28日　聖ヴァーツラフ
プラハ（チェコ）
30日　聖エクペリウス（サン・テグジュペリ）
トゥルーズ（仏、トゥルーズの第二代司教）
聖ヒエロニムス
チッタノーヴァ、ロッカヴェラーノ（伊）、リスボン（葡）

10月

1日　聖テレーズ（リジューの）
リジュー（仏）
2日　聖レジエ（レオデガリウス）
ポワティエ、オータン、サン・メクソン・レコル（仏）
4日　聖フランチェスコ
アッシジ（伊、3—4日）
聖ペトロニオ（ボローニャの）
ボローニャ（伊）
5日　聖フルール
ポー（仏）
聖フロリアン（レオンの）
レオン、ルゴ（民間祭事）（西）
6日　聖フィデス（フォワ）
コンク（仏）
7日　聖ジュスティーナ（パードヴァの）
パードヴァ（伊）
8日　聖ペラギア
アギア・ペラギア（希、ティノス島）
9日　聖ドニ（ディオニシウス）
サン・ドニ（仏）
10日　聖フランチェスコ・ボルジア
ガンディア（西）、カターニア（伊、シチリア島）

13日　聖ロモロ
サン・レモ（伊）

15日　聖テレサ（アビラの）（→本編266頁）

16日　聖ガルス
ザンクト・ガレン（スイス）

聖ヘートヴィヒ
トレーブニッツ（独、ベルリン郊外）

聖ベルトラン（コマンジュの）
サン・ベルトラン・ド・コマンジュ（仏）

18日　聖ユストゥス（ボーヴェの）
ボーヴェ、サン・ユスト・シャッセ（仏）
ウィンチェスター（英）、クール（スイス）

聖ルカ
パードヴァ、プライアーノ、カルタニセッタ（伊）

21日　聖ウルスラ（→本編274頁）

22日　聖ヨハネ・パウロ（二世）
ヴァドヴィツェ（ポーランド）

26日　聖デメトリウス
テサロニキ（希）

30日　聖ウォルフガング
レーゲンスブルク（独）

11月

1日　諸聖人
ローマ（伊）（前夜、フォロ・ロマーノから晩禱のプロセッション）

2日　聖ユスティウス（トリエステの）
トリエステ（伊）

3日　聖フベルトゥス
リエージュ（ベルギー）、フィアツェンハイリゲン（独）
リーディングタール（墺）

6日　聖レオナルドゥス（レオンハルト／ノブラの）（→本編282頁）

7日　聖ウィリブロード
エヒテルナッハ（独）、ユトレヒト（蘭）

10日　聖レオ（大教皇）
パリ（仏）、ベナマウレル（西、4月11日）

11日　聖マルタン（→本編290頁）

15日　聖マロ
サン・マロ（仏）

19日　聖エリーザベト（テューリンゲンの）
マールブルグ（独）

22日　聖チェチリア（カエキリア）（→本編314頁）

23日　聖クレメンテ（クレメンス一世）
ローマ（伊）

25日　聖カタリナ（アレクサンドリアの）
パリ（仏）、ハエン（西、聖カタリナ巡礼）

28日　聖カエサリウス（セザール／アルルの）
アルル（仏）
29日　聖カトリーヌ・ラブレ
パリ（仏）
　日　聖セルナン（サトゥルニヌス）
トゥールーズ（仏）
30日　聖アンデレ（使徒）
パトラス（希）、セント・アンドルーズ（英）

12月

1日　聖エリギウス（エロワ）
リール（仏）、ブイヨン（ベルギー）＊南仏では夏季
3日　聖フランシスコ・ザビエル
ハビエル（西、3月初旬に巡礼）
4日　聖バルバラ
リボルノ（伊）、パテルノー（伊、シチリア島）、ロートバッハタール、ノイホーフ（独）
6日　聖ニコラウス（→本編302頁）
7日　聖アンブロシウス
ミラノ（伊）
9日　聖エウカリウス
トリーア、リンブルグ（独）
10日　聖エウラリア（メリダの）
メリダ、オヴィエド（西）
12日　聖コランタン
カンペール（仏）
13日　聖オディール
オディーリエンベルク（仏、アルザス）
　日　聖ルチア（→本編322頁）
17日　聖ラザロ
オータン（仏）、ラルナカ（キプロス）
26日　聖ステファノ（→本編330頁）
27日　聖ヨハネ（福音記者）
パトモス島（希）
29日　聖トマス・ベケット
カンタベリー（英）
31日　聖シルウェステル（シルベストロ）
ノナントラ（伊）

あとがき

二〇二〇年は新型コロナウイルスCOVID-19に始まり、疫病に振り回され続けた一年だった。例年だと月に二回、三回と出かけていた取材旅行も三月からは制限せざるを得なかった。ヨーロッパ各国では、三月中旬から外出自粛、行動制限が始まった。キリスト教の教会でのミサは制限され、信者たちが自宅にいながらネットで参列するリモート・ミサが中心になった。超三密状態の祝祭事は縮小・中止され、取材・撮影は夏までは難しいだろうと、早々と諦めざるを得なかった。二〇二〇年はドイツ南部のオーバーアマガウで十年に一度の聖史劇が予定されていたが(五月〜十月)、早々と二〇二二年に順延を発表した。会期中百万人以上が集まり、経済効果が約一千億円と推定されているミュンヒェンのオクトーバーフェストも早い段階で中止が決まった。復活祭や聖霊降臨祭、聖母マリアの被昇天祭にまつわる宗教行事は催行されたが、規模を縮小され参列者数も制限されていた。イタリアの守護聖人アッシジの聖フランチェスコの祭事も、催行こそされたもののプロセッションも禁止され、テレビでの放映に重点に置いていた。とはいえ、聖人たちの祭事は夏から秋にかけて多く、その頃には取材を再開できるのでは、といくぶん呑気に期待してもいたのだった。

　ところがこの期待は二重の意味で裏切られた。来年の予定を決めるために、夏頃からヨーロッパの祝祭事の日程を調べていたら、夏を待たずにすでに祭事を催行していた町村があって驚かされたのがまず一つ。祝祭事、巡礼は本来地方の村興し、経済効果に寄与するところが大きい。主催団体は選択の余地もなかったのだろう。しかしそうした甘さも一因となってか、ヨーロッパは大きな第二波を招くこととなり、秋になっても年内はおろか、来春からの祝祭事の再開の目処がたたず大いに困惑している。

藁をもつかむ思いで、疫病平癒の御利益ありといわれる聖セバスティアンや聖アントニウスに執り成しを願う日々なのだが、私の不信心ゆえか、残念ながら疫病禍はまだまだ継続しそうだ。超三密が避けれない祝祭事では改めてウィズ・コロナの時代の祭事の運営、対応が求められるだろう。私も撮影・取材の方針を一から考え直さなければならない。本書の構想自体はコロナ騒ぎの前にほぼまとまっていたので、それほど大きな影響を受けてはいないが、ヨーロッパにおける聖人の祭事の全体像を示すという意味では、まだまだ足りないところがたくさんある。その課題に、すぐに取り掛かることができずにいて毎日苛立たしく過ごしている。

今回、抹香臭いテーマの企画提案を快く受け入れてくれた八坂書房には心から感謝を申し上げたい。とりわけ編集の八尾睦巳さんには感謝の言葉が見つからないほどお世話になった。膨大な量の私の写真に眩暈、写真酔いをしたことだろう。

ヨーロッパには、今回紹介したもの以外にもまだまだ数多くの聖人のお祭りがある。また数年に一度という祭事も少なくなく、これからもこの地の祭事・文化をライフ・ワークとして取材・撮影を続けたく思っている。

若月伸一

二〇二〇年十一月

［著者略歴］

若月 伸一（わかつき・しんいち）

札幌生まれ。1970年に渡仏。パリ大学にて、美学・美術史を学ぶ。1973年より、ヴァチカンのグレゴリアン大学で、キリスト教美術史、初期キリスト教考古学を学ぶ。1978年よりドイツ在住。ヨーロッパ各国の文化を、写真・エッセイ等で日本の出版物に紹介するほか、ガイドブック・ホテル案内等の執筆・編集にも携わる。

主な著書に、『ドイツ夢ホテル紀行』『イタリア夢ホテル紀行』『バッハへの旅』『ヨーロッパ天使の旅』『ヨーロッパ聖母マリアの旅』『AVE ―天使・聖母マリア・イエス』（以上、東京書籍）、『テディ・ベアのすべてが知りたい』『グリム童話のふるさとを行く』（講談社）『ベルリン博物館島と美術の旅』（小学館）などがある。

現在、月刊誌「カトリック生活」（ドン・ボスコ社）誌上で「ハレの日の聖人たち」を長期連載中。

聖人祭事紀行― 祈りと熱狂のヨーロッパ写真歳時記

2020年12月10日　初版第1刷発行

著　者　若月伸一

発行者　八坂立人

印刷・製本　中央精版印刷（株）

発行所　（株）八坂書房

〒101-0064 東京都千代田区神田猿楽町1-4-11

TEL.03-3293-7975　FAX 03-3293-7977

URL.: http://www.yasakashobo.co.jp

ISBN 978-4-89694-280-4